図解 眠れなくなるほど面白い

世界の神々

ただよび世界史科講師
鈴木悠介 監修
YUSUKE SUZUKI

日本文芸社

はじめに

「全知全能の最高神は、神の世界一の浮気者!?」

「切り落とされた神の性器から、愛と美の女神が生まれた!?」

「木に自らを吊《つ》るしてまで知恵を手に入れようとした最高神」

「不倫で生まれた子どもを隠すために太陽を止めた大地の神」

このように、世界各地には、実に個性豊かな神がたくさんいます。
古代の人が神話の中で語り、受け継いできた神々なんて、
いまではもう遠い過去の話、架空の話と思っていたら、もったいない。

なぜなら、いま、あなたの大好きな
映画や小説、テレビドラマ、マンガといったエンターテインメントは、
世界の神話の神をモチーフにしているかもしれないからです。

事実、世界の神々、世界の神話から題材をとった作品は
古今東西、枚挙にいとまがないほど。
過去の名作から、近年の大ヒット作まで豊富です。

本書は、そんな神々の世界へ、皆さんを誘《いざな》います。
イラストや図解をもとにわかりやすく、ギリシャ神話、北欧神話、
ケルト神話、エジプト神話、インド神話、メソアメリカ神話から、
主要な神々や英雄たちの特徴・エピソードを紹介します。
また、その神話が生まれた背景についても、解説を加えました。

本書を読めば、神話をモチーフにした
映画や小説、テレビドラマ、マンガがさらに楽しくなること必至！
この本をきっかけに、魅力あふれる世界の神々に
関心を持ってもらえたら望外の喜びです。

２０２１年10月

鈴木　悠介

眠れなくなるほど面白い 図解 世界の神々

もくじ

PART 1 繰り広げられる愛憎劇 ギリシャ神話の神々

PART 2

終末に向かって突き進む 北欧神話の神々

PART 3 幻想的な妖精になった ケルト神話の神々

PART 4
エジプト神話・インド神話・メソアメリカ神話の神々

PART 1

繰り広げられる愛憎劇
ギリシャ神話の神々

古代ギリシャから伝えられてきたギリシャ神話は、数ある世界の神話の中でも抜群の知名度と人気を誇る。個性豊かな神々と英雄が、人間のように愛し憎み、人間ドラマならぬ神々ドラマを生み出す。そんな世界をのぞいてみよう。

ギリシャ神話 神々の系譜

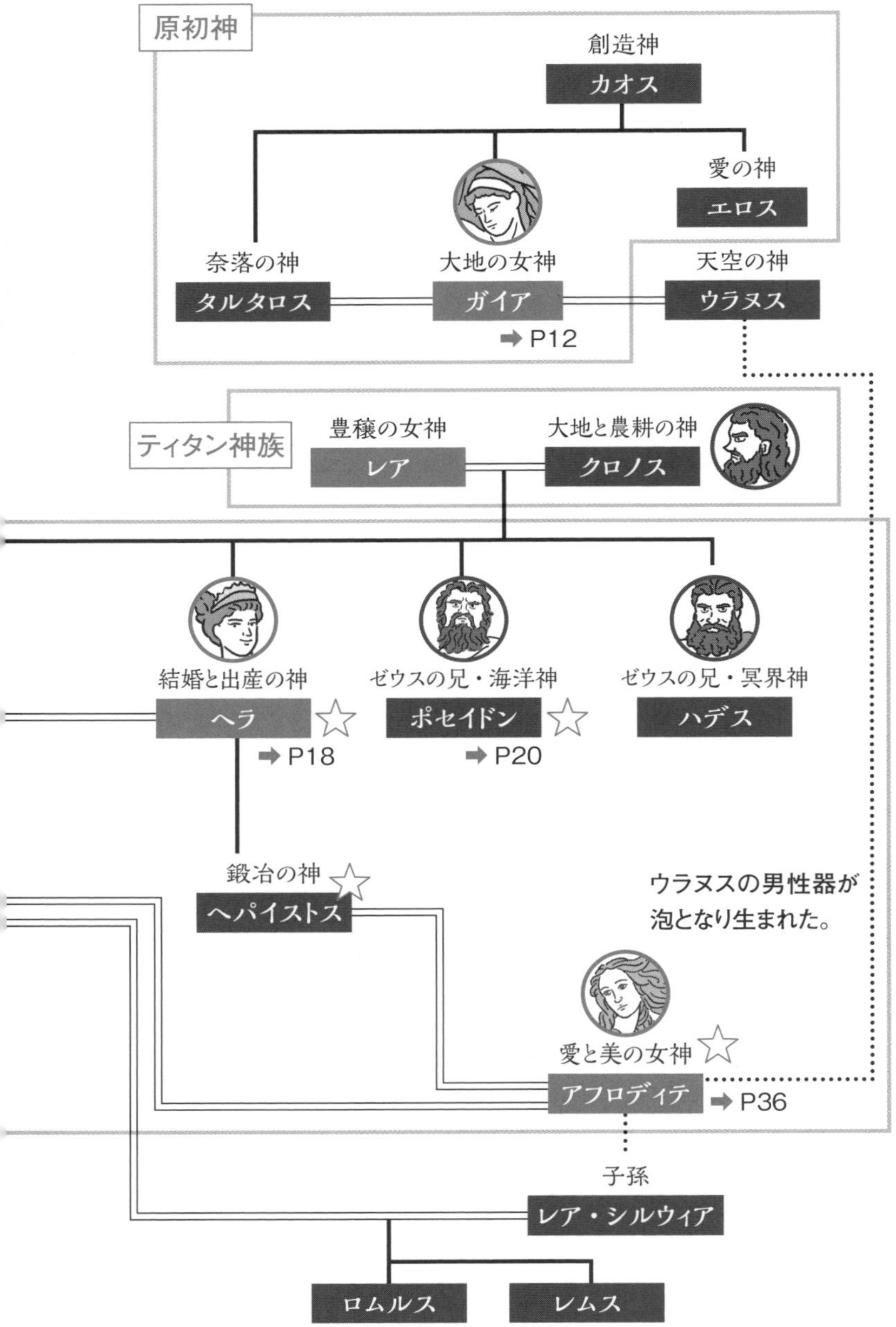

原初神
創造神
カオス
愛の神
エロス
奈落の神
タルタロス
大地の女神
ガイア
➡ P12
天空の神
ウラヌス
ティタン神族
豊穣の女神
レア
大地と農耕の神
クロノス
結婚と出産の神
ヘラ ☆
➡ P18
ゼウスの兄・海洋神
ポセイドン ☆
➡ P20
ゼウスの兄・冥界神
ハデス
鍛冶の神 ☆
ヘパイストス
ウラヌスの男性器が
泡となり生まれた。
愛と美の女神 ☆
アフロディテ
➡ P36
子孫
レア・シルウィア
ロムルス
レムス

ローマ神話では、アフロディテの直系である子孫の兄弟の英雄がローマを建国したという。

■ 男性
■ 女性
恋愛関係、夫婦関係
親子関係

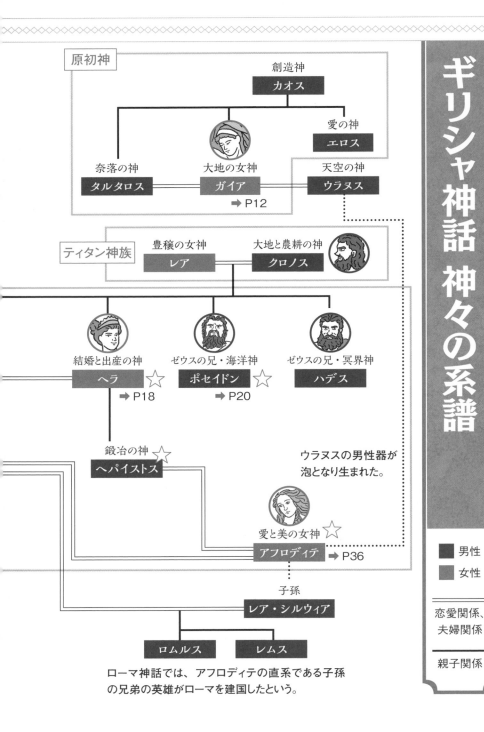

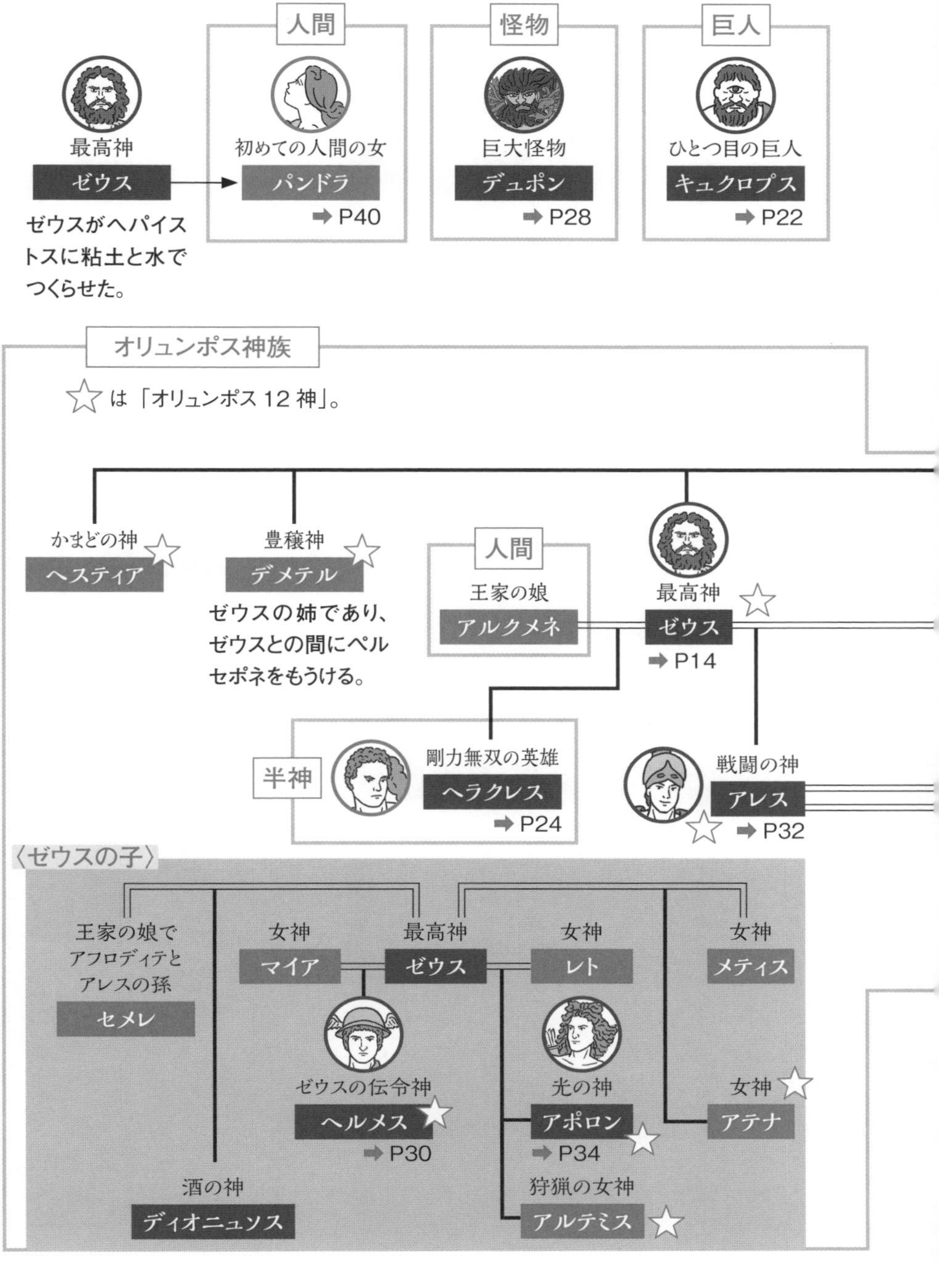
最高神
ゼウス
ゼウスがヘパイストスに粘土と水でつくらせた。
人間
初めての人間の女
パンドラ
➡P40
怪物
巨大怪物
デュポン
➡P28
巨人
ひとつ目の巨人
キュクロプス
➡P22
オリュンポス神族
☆は「オリュンポス12神」。
かまどの神
ヘスティア
豊穣神
デメテル
ゼウスの姉であり、ゼウスとの間にペルセポネをもうける。
人間
王家の娘
アルクメネ
最高神
ゼウス
➡P14
半神
剛力無双の英雄
ヘラクレス
➡P24
戦闘の神
アレス
➡P32
〈ゼウスの子〉
王家の娘でアフロディテとアレスの孫
セメレ
女神
マイア
最高神
ゼウス
女神
レト
女神
メティス
ゼウスの伝令神
ヘルメス
➡P30
光の神
アポロン
➡P34
女神
アテナ
狩猟の女神
アルテミス
酒の神
ディオニュソス

ギリシャ神話

カオスから生まれた神話の世界

混沌から出でし地母神が神々を生み出し、天地を創造していく

ギリシャ神話の神々が生まれる前、そこにはカオス（混沌《こんとん》）がありました。カオスから**最初に生まれたのは豊穣《ほうじょう》の神ガイア（大地の神）です。**

続いてタルタロス（奈落《ならく》）、エロス（愛の神）が出現。**カオスを合わせた4神で原初神**とも呼ばれます。

ガイアはひとりで天空を司《つかさど》るウラヌス、海を司るポントスを生み出し、さらに自分が生んだウラヌスと結ばれ多くの子どもたちを成します（ティタン神族となる）。

その多くは、ギリシャ神話の核となる神々。しかし、中には凶暴な巨人や、50の頭を持つ怪物のような子どももいました。

母としてすべての子どもを愛したガイアに対し、父であるウラヌスは、神としてふさわしくない異形のものたちを受け入れず、奈落に閉じ込めてしまいます。

我が子にひどい仕打ちをするウラヌスに、ガイアは怒り狂います。子どもたちを集め「お前たちの兄弟をひどい目にあわせる父親を倒してくれる子はいないか?」と問うと、**手を挙げたのは末っ子クロノスでした。**

クロノスは母ガイアと結託し、母の寝室を訪れた父が交わろうとした瞬間、母が用意した大鎌で父の男性器を切り落としたのです。

ティタン神族：ガイアが息子ウラヌスと結婚して生まれた男神６人、女神６人、計12人の巨神。

3世代にわたる父子バトルを超え世界を創出

カオス“混沌”

エレボス（暗黒）

ニュクス（夜）

タルタロス（奈落）

エロス（愛）

ガイア（大地）

カオスから最初に生まれた神で地母神。単独でウラヌスや大洋神ポントスを生み出す。

子

結婚

ウラヌス（天空）

ガイアの息子であり夫。生まれた子どもがみな異形のものばかりなので奈落に幽閉する。

ガイアは子どもたちを集めてウラヌスに対抗。クロノスは父ウラヌスの性器を切り取り、王権を奪う。

クロノス（大地と農耕）

子

対立

ゼウス

父と子の争いは繰り返され、今度はゼウスが父クロノスに反旗を翻《ひるがえ》した。それが神々同士の戦い「ティタノマキア」だ（P22-23 参照）。

ティタノマキア勃発《ぼっぱつ》

戦いの後、この世の支配者が決まる

天空

ゼウス

戦いで一番活躍したゼウスが神々の王となる。

地上

とくに語られていないので共有地とされる。人間の住む世界。

冥府

ハデス

くじ引きでゼウスの兄ハデスが冥界の王に。

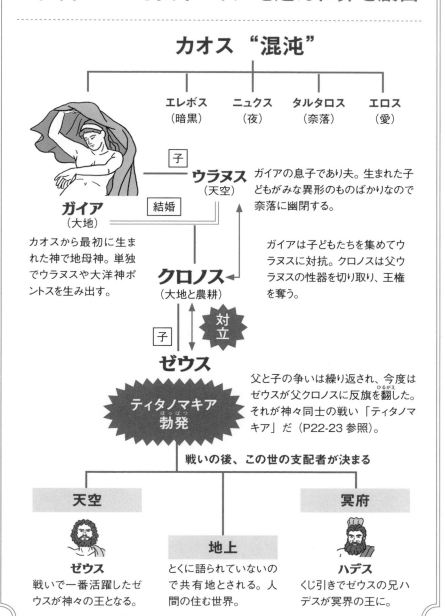

ギリシャ神話

全知全能の雷神ゼウス

父を倒して兄姉たちを救い、分かち合って世界を統べる

ギリシャ神話の中核的存在であるゼウスは、クロノスと、その姉である女神レアの間に生まれた息子です。

ゼウスの本拠地は、**ギリシャ最高峰であるオリュンポス山。**壮麗な神殿を築き、妻ヘラやほかの女神との間に多くの神々を生み出して世界を統《す》べました。

全知全能と称される通り、この世のすべてのことを見通し、**意のままにできる偉大な存在ゼウス。**ゼウスもまた、父クロノスと同じように、祖母であるガイアの助けを借りて父を倒し、神々のリーダーとなります。

その苦難に満ちた出生と、父を倒すまでの道のりは、次々ページで詳しく紹介しますが、ゼウスは神々だけではなく、人間にとっても「父」といえる存在でした。

「ゼウス」とは「天空」「輝き」に由来する名。雲、雨、雷などを司ることから、この世界の平和と秩序を守り、人間に法を与え、正義の遂行を見守る神としても捉えられるようになりました。人間界で行なわれる社会現象のすべてを司る保護・支配者といった立ち位置です。

そして、家を守護し、かまどや財産を守る役割もあり、豊穣をもたらす神でもありました。ただその一方で、神々の特権を侵犯する者を厳しく罰しました。

オリュンポス山：ゼウスをはじめオリュンポス神族が住んでいた山で、ギリシャ北部にある。神々はこの山の山頂にそれぞれ神殿を構えていた。

世界の君臨者たるゼウス

武器は雷電や稲妻を起こす雷霆《らいてい》。ガイアとウラヌスの子であるひとつ目の巨人キュクロプスがつくったもの。

どんな姿にも変身でき、相手をどんな姿にも変えられる。

ゼウスの語源は「天空」。雲を集めて雨、嵐を起こすことができる。自然現象を司る荒ぶる神とされた。

オリンピックのルーツに

1896 年にはじまった近代オリンピックは、ゼウスにゆかりがある祭典。神々の住むオリュンポス山にゼウスの神殿がつくられ、ゼウスらを崇《あが》めるために体育や芸術などが捧げられた。この「オリンピア祭典競技」が今のオリンピックとなった。

ローマ神話のユピテルに習合

ゼウスはローマ神話の天空の神、雷神ユピテル（英語読みではジュピター）と同一視されるようになる。こちらでも神々の王だ。

ギリシャ神話

苦難にまみれたゼウスの誕生

誕生を父に隠され、妖精たちに守られ匿われて成長した

我が子を恐れる父クロノスから兄弟たちを救ったゼウスですが、なぜ彼だけが無事に成長することができたのか。それは**母レアの機転と、祖母ガイアをはじめ多くの者たちの協力のたまものでした。**

すでに5人の子どもたちを、夫であるクロノスに丸呑みにされていたレアは「今度生む子こそ無事に育てたい」と願っていました。

レアは、母であるガイアに助けを求めます。ガイアは「夜のうちに、こっそりクレタ島で出産しなさい。そして**産着《うぶぎ》で石を包んでクロノスに渡しなさい」**と入れ知恵をしました。

言葉通りにしたレアから「今度生まれた子どもです」と産着に包まれた塊を渡されたクロノスは、石を呑み込んで安心していました。

生まれた子は、**クレタ島で山羊であるアマルティア（ニンフ）の乳や蜂蜜《はつみつ》を与えられて育ちます。**ガイアは精霊クレテスを集めてにぎやかに踊らせ、赤ちゃんの泣き声がクロノスの耳に届かないよう配慮しました。

こうして父に見つかることなく成長したゼウスは、**立派な大人となって父のもとに出向き、父に吐き薬を飲ませたのです。**

まずはゼウスの代わりに呑まれた石、そしてゼウスの腹の中で成長した兄姉が、呑み込まれたときと逆の順で吐き出されました。

ニンフ：若く美しい女性の姿をした清らかな存在。精霊や妖精のようなもので、山や森など自然の中にいる。クレタ島でゼウスを大切に育てた。

繰り返す父と子の争い

原初の神

ガイア ＝ ウラヌス

ティタン神族 レア ＝ クロノス

レアは隠れて末っ子のゼウスを出産し、石に巻いた産着を身代わりにクロノスに与えた。

無事に育ったゼウスは、父クロノスに吐き薬を飲ませて、兄弟たちを救出。そして、10年にわたり兄弟とともに戦い、クロノスを倒す。

対立

子

オリュンポス神族 レアとクロノスの子どもたち（ゼウスは末っ子だが、身代わりの石で助かったため長兄とする神話もある）。

①**ヘスティア**…かまどの女神。神話上では影が薄い

②**デメテル**…農業の女神。ゼウスの愛人

③**ヘラ**…結婚と出産の神。ゼウスの正妻

④**ハデス**…のちに冥界を支配

⑤**ポセイドン**…のちの海洋神。海を支配

⑥**ゼウス**

ハデスの武器は姿を隠すことのできる兜《かぶと》。

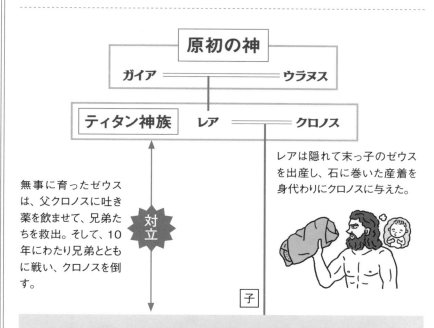

ギリシャ神話

恋多きリーダー、ゼウスの恋

恐妻を恐れながらも女神や人間の女性を次々と我がものに

全知全能の雷神として優れたリーダーシップを発揮しながら、神々と協力して世界を治めていたゼウス。崇拝にふさわしい神でありながら、一方では**どうしようもない女たらし**でもありました。

姉であるヘラを妻としながら、多くの女性たちに言い寄り、子を生ませています。しかも、自分になびかない者には嘘《うそ》をついたり、策略を巡らせたり、さらって想いを遂げることさえあったのです。

そもそもヘラに求婚するときもカッコウに姿を変えて油断させたゼウス。牡牛《おうし》に姿を変えて人間界の王の娘に近づいたり、逆に、相手のイオを牝牛《めうし》に変えて妻の目をごまかそうとしたりすることも。

結婚と家庭の守護神であるヘラは、嫉妬《しっと》深く激しい気性であったため、ゼウスは**妻にばれないように浮気をする必要がありました。**

しかし、夫の気性を知り尽くす賢いヘラはゼウスの嘘を見破ることが多く、ゼウスに気に入られた女性やその子どもたちの多くは、理不尽にも辛《つら》い目にあっています。

世界を混乱させるほどの夫婦げんかやだまし合いを演じながら添い遂げたゼウスとヘラ。けれどギリシャ神話にはヘラ以外が生んだゼウスの子どもたちも、数多く登場します。

イオ：アルゴスの王女だったが、ゼウスの愛人に。ヘラの怒りを買い、牝牛の姿に変えられて世界を放浪する羽目に遭う。

好色家ゼウスの恋遍歴

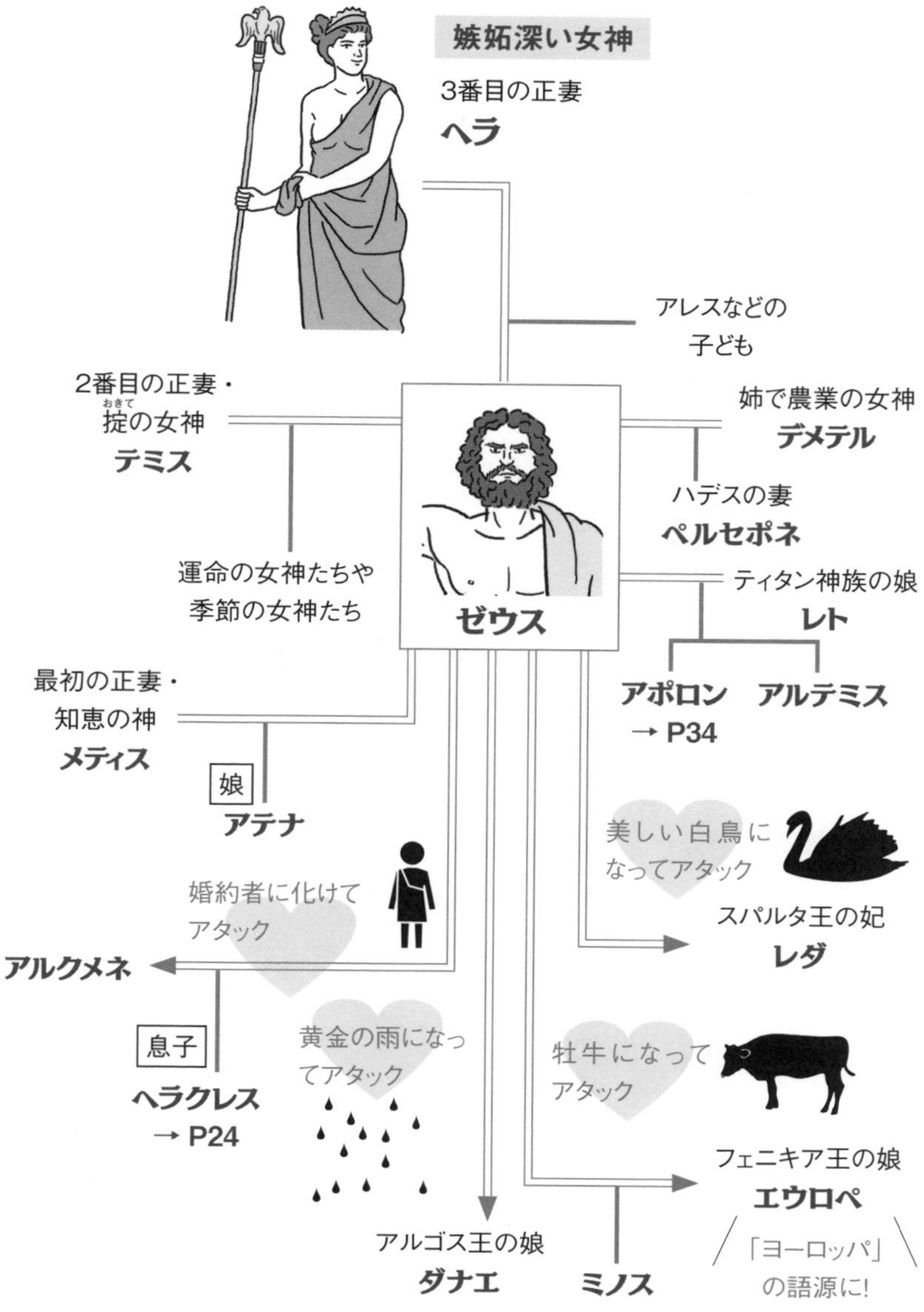
嫉妬深い女神
3番目の正妻
ヘラ
アレスなどの
子ども
2番目の正妻・
掟《おきて》の女神
テミス
運命の女神たちや
季節の女神たち
姉で農業の女神
デメテル
ハデスの妻
ペルセポネ
ティタン神族の娘
レト
アポロン
→ P34
アルテミス
ゼウス
最初の正妻・
知恵の神
メティス
娘
アテナ
美しい白鳥に
なってアタック
スパルタ王の妃
レダ
婚約者に化けて
アタック
アルクメネ
息子
ヘラクレス
→ P24
黄金の雨になっ
てアタック
牡牛になって
アタック
フェニキア王の娘
エウロペ
「ヨーロッパ」
の語源に!
アルゴス王の娘
ダナエ
ミノス

荒ぶる海の守護神ポセイドン

水を支配し、地震さえも起こす荒々しく勇壮な海の支配者

ポセイドンはクロノスとレアの3番目の子どもで、本来ならゼウスのすぐ上の兄にあたります。

ゼウスにより父の腹の中から吐き出された際、呑み込まれたのと逆の順番だったことにより、ゼウスの弟ともいわれます。

ゼウスがオリュンポス山に神殿を構えたことから、その兄弟たちはオリュンポスの神々と呼ばれます。

ゼウスは**ポセイドンに海の覇権を、ハデスに冥界の統治を任せる**ことで、兄弟が助け合って世界を治める体制を築きました。

海を託されたポセイドンは、黄金の海馬が引く戦車で海上を走り回り、嵐を起こしたり、逆に海を静めたりします。

妻は水の神ネレウスの娘アムピトリテ。彼女との間に生まれた息子が、下半身が魚でホラ貝を吹き鳴らすトリトンです。

ゼウス同様に**激しい気性を持ち、プレイボーイだった**ポセイドン。ゼウスに反抗したり、姉でありゼウスの娘を生んだ女神デメテルと、強引に交わったりもしています。

デメテルとの間にアイレオンという神馬が生まれ、ゴルゴン三姉妹のメデゥーサと交わったことにより、翼を持つ神馬ペガサスが生まれたことから、馬の守護神ともされています。

ゴルゴン三姉妹：蛇の髪を持ち、見る者を石に変えるという怪物。もとは金髪の美女三姉妹だったが、ポセイドンが女神アテナの神殿で三女のメデゥーサと交わったことにより、潔癖症のアテナの怒りを買い、怪物に姿を変えられた。

海と大地の支配者ポセイドン

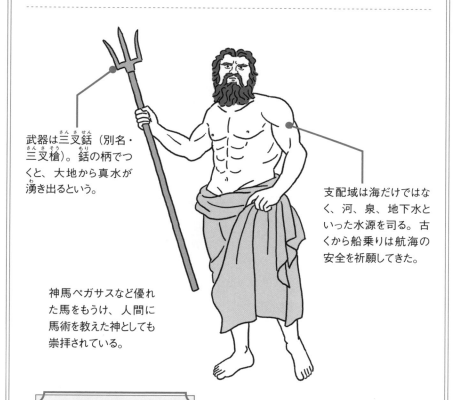

武器は三叉銛《さんさせん》（別名・三叉槍《さんさそう》）。銛《もり》の柄でつくと、大地から真水が湧《わ》き出るという。

支配域は海だけではなく、河、泉、地下水といった水源を司る。古くから船乗りは航海の安全を祈願してきた。

神馬ペガサスなど優れた馬をもうけ、人間に馬術を教えた神としても崇拝されている。

ポセイドンが戦車を走らせると…

ポセイドンは地震を司る神でもあった。住まいのオリュンポス山や海底の宮殿から外出するときは戦車を走らせた。海馬が引くその戦車が一度走れば、海上や地上に天変地異が起きると考えられ、それほど気性の荒い性格と思われていた。

ポセイドンも子だくさん

ギリシャ神話

10年にも及ぶ神と神の壮絶な戦い

ティタン軍とオリュンポス軍、勝敗の裏にガイアあり

父クロノスを王とするティタン神族に対して、ゼウスは戦いを挑みます。これが、**世界をかけたティタノマキア（ティタン神族たちとの戦い）**です。

ゼウスはポセイドンやハデスらをオリュンポスの宮殿に召集し、力を合わせて戦います。

しかし敵も同じく神の軍。両者譲らぬ激しい戦いは10年経《た》っても決着がつきません。

ここで動いたのが原初の神ガイアです。ガイアは子であり夫であるウラヌスによって奈落に閉じ込められた我が子たち……ひとつ目巨人のキュクロプスや、50頭100腕を持つ怪力ヘカトンケイルらを救い出し、味方につけることをゼウスに提案します。

ゼウスはポセイドン、ハデスを連れて奈落に降り、異形のものたちを解き放ちました。闇《やみ》の世界での束縛から解放された彼らは、ゼウスたちの強力な味方となります。

鍛冶《かじ》が得意なキュクロプスは、ゼウスたちに無敵ともいえる武器をつくりました。ヘカトンケイルは、100の手でティタン神族に岩を投げつけます。

オリュンポス軍の激しい攻撃に、さすがのティタン神族も降参しました。世界はオリュンポスの神々のものとなり、**ゼウスは父に代わって神々の王となった**のです。

奈落：死者の国・冥界のさらに下方にある澱《よど》んだ空間。キュクロプス、ヘカトンケイルはここから救い出され、代わって敗者のティタン神族が幽閉された。

ゼウスが神々の王となるまで

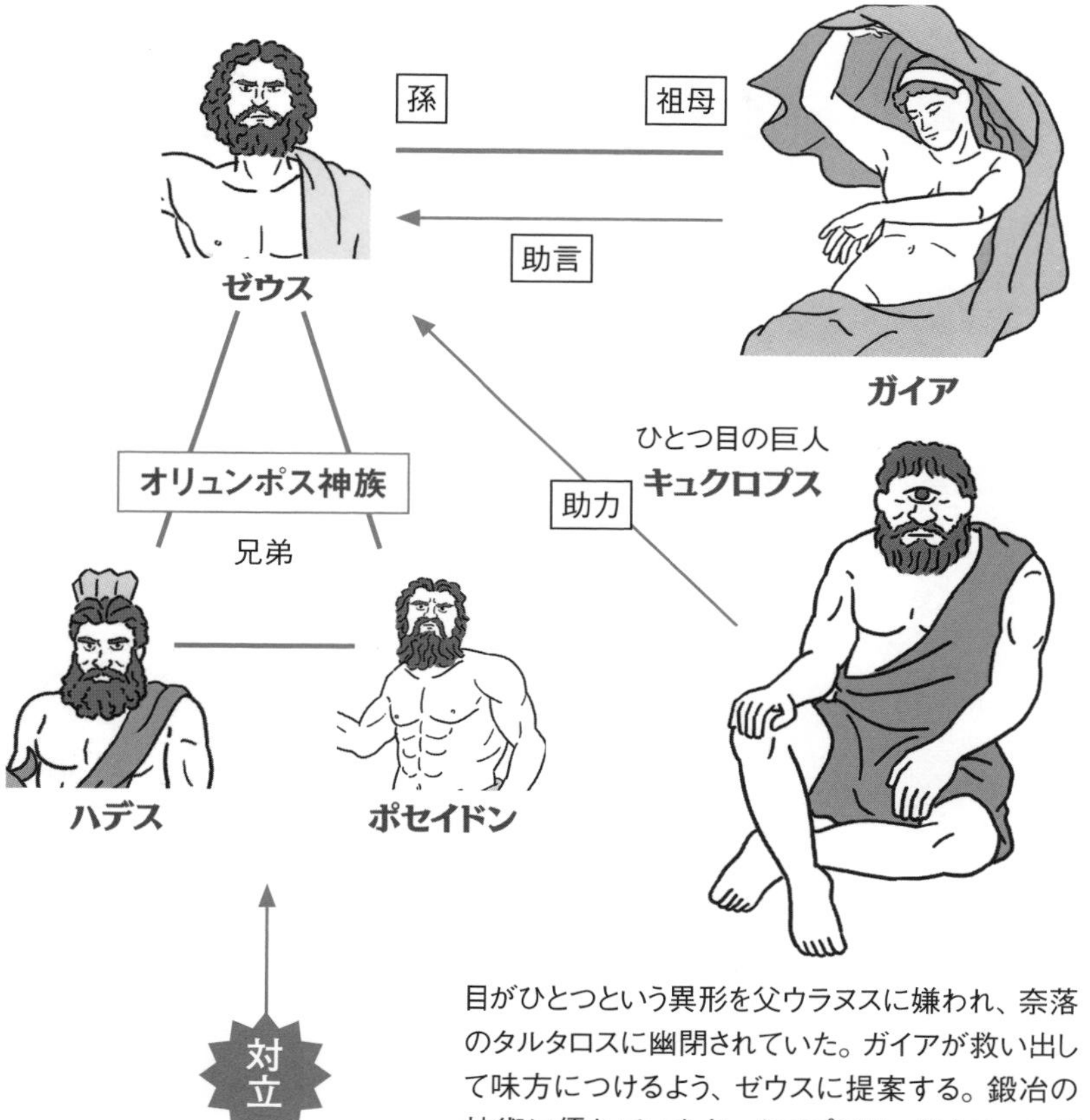
孫
祖母
助言
ゼウス
ガイア
ひとつ目の巨人
キュクロプス
助力
オリュンポス神族
兄弟
ハデス
ポセイドン
対立

目がひとつという異形を父ウラヌスに嫌われ、奈落のタルタロスに幽閉されていた。ガイアが救い出して味方につけるよう、ゼウスに提案する。鍛冶の技術に優れていたキュクロプスは、ゼウス、ハデス、ポセイドンにそれぞれ武器をつくり渡した。この武器が決定打となり、ゼウスは勝利を収める。

ティタン神族
死闘の末……
敗北し
幽閉される
クロノス
アトラス

不屈のヒーロー、ヘラクレス

ヘラの嫉妬心に苦しめられながらも勇敢に苦難を乗り越えた

ゼウスと人間界の王女アルクメネの間に生まれた息子ヘラクレス。その誕生はゼウスの妻ヘラの嫉妬心の的となり、**生涯にわたってヘラの陰謀に苦しめられることになります。**

アルクメネには婚約者がいたものの、ゼウスは美しい彼女を見染めて口説きます。アルクメネが婚約を理由に断ると、ゼウスは婚約者に化けて彼女をだまし、契《ちぎ》りを結ぶのです。

母子は犠牲者ともいえるのですが、ヘラは容赦《ようしゃ》しません。生まれたばかりのヘラクレスのベッドに毒蛇を行かせますが、**嬰児《えいじ》ヘラクレスは、恐れることなく素手で毒蛇を締め殺します。**

ゼウスの血を引いたヘラクレスは、**誰が見ても感心するような逞《たくま》しい若者に成長。**愛する妻との間に何人もの子どもが生まれます。

復讐《ふくしゅう》の機会を待ちわびていたヘラはヘラクレスに狂気を吹き込み、妻子らを自らの手でみな殺しにさせてしまいます。

正気に戻ったヘラクレスは、それこそ気も狂わんばかりに嘆き悲しみ、自らの罪を償う方法を神に問いました。

「ミュケナイ王に仕え、王が課す難業を成し遂げよ」と告げられたヘラクレスは、王のもとに行き、**命じられた難業に挑む冒険の旅に出ることになります。**

ミュケナイ王：本来ヘラクレスが王座につくはずだったミュケナイ王国の王。ヘラの陰謀によりヘラクレスより先に生まれて王の座についた。ヘラクレスの英雄ぶりに嫉妬して厳しい 12 の難業を課した。

ギリシャ神話きっての人気者ヘラクレス

武器は棍棒《こんぼう》。どんな相手にも棍棒を振り回し、勇敢に立ち向かっていく。「12の難行」で倒したライオンの毛皮を加工した鎧を持つ。

精悍《せいかん》な顔立ち・たくましい肉体で、多くの芸術家が彼を題材に取り上げた。

生まれたときから超人的な能力を持っていた。神々から戦車の操り方、弓術、剣術を教わり、達人となる。

ヘラクレスゆかりの星座

ヘラクレスの冒険にちなんで生まれた星座名がいくつかある。最初の冒険「不死身のライオン退治」から、しし座、「毒蛇のヒュドラ退治」に登場した、かにから、かに座、「エリュマントスの猪《いのしし》の生け捕り」に登場する師匠ケイロンが弓を引く姿から、いて（射手）座が生まれた。

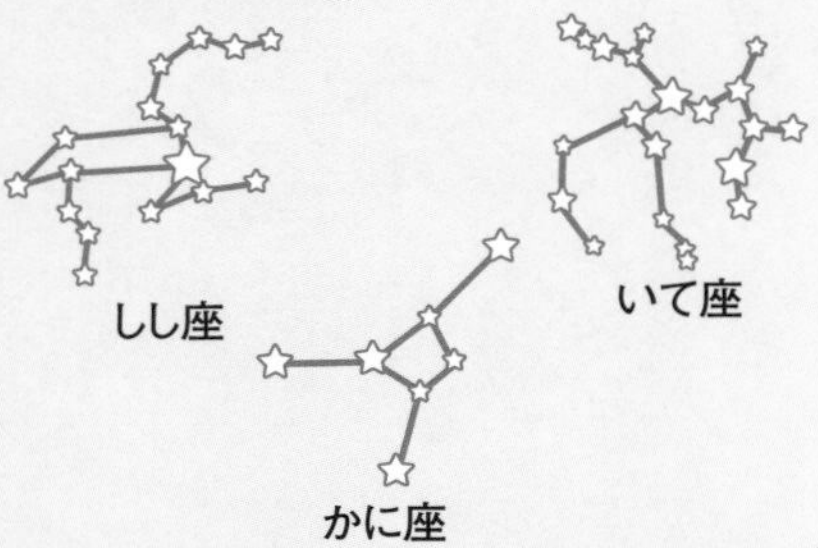

ギリシャ神話

勇者ヘラクレスの冒険

怪物退治に家畜小屋掃除、あらゆる難業を成し遂げる半神の英雄

　ヘラクレスに課せられた最初の難業は、ネメアに住むライオン退治。刀の通らないライオンを三日三晩かけて絞め殺し、皮を剥《は》ぎ取りました。その偉業により、**ライオンの皮を身にまとい、その頭を兜《かぶと》にした姿**が、彼のトレードマークとなりました。

　その後も毒蛇ヒュドラや3つの頭を持つ冥界の番犬ケルベロスなどの怪物を、退治したり生け捕りにしたり。「アマゾン族の女王から帯を奪え」「30年間掃除していない牛小屋を掃除しろ」などという無理難題もありました。

　女神などの助けを借りながら、**12の難業をすべて成し遂げ、ヘラの呪いが解けた**ヘラクレスは、後妻を迎えました。

　愛し合うふたりでしたが、妻を襲った悪党ネッソスを射殺したことにより、最後の災難に見舞われます。

　死の間際「自分の血は恋の媚薬」と囁《ささや》いたネッソスの言葉を真に受けた妻は、ヘラクレスが心変わりしないようにと、実は猛毒であるその血を、夫の下着に塗り込めます。

　下着を身につけた瞬間から耐え難い苦しみに襲われた英雄は、家来に命じて自分を生きたまま火葬させるのでした。

　オリュンポスの神々は、**苦難に満ちた彼の魂を正式な神として迎え入れた**のです。

ヒュドラ：アルゴス地方の沼に住み、周囲の人間や家畜に害をなしていた。9つの頭を持つという巨大な蛇の姿をしている。

ヘラクレス 12の難業を成し遂げる冒険へ

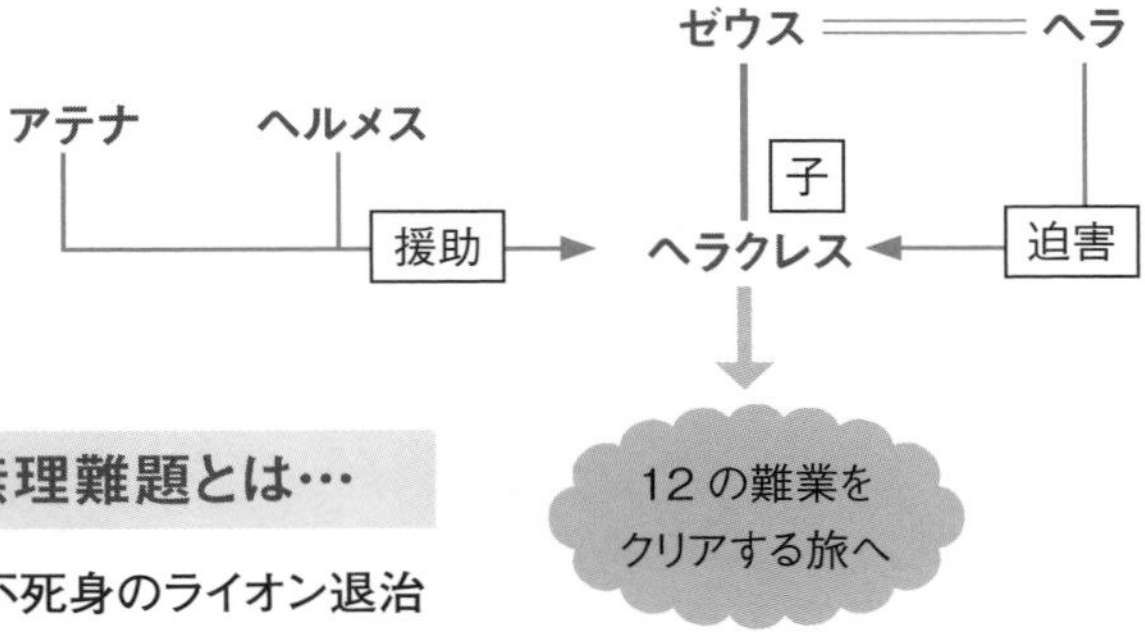
ゼウス
ヘラ
アテナ
ヘルメス
子
援助
ヘラクレス
迫害
12の難業を
クリアする旅へ

12の無理難題とは…

① ネメアの不死身のライオン退治
② 毒蛇のヒュドラ退治
③ 黄金の角を持つ鹿の生け捕り
④ エリュマントスの猪の生け捕り
⑤ 30年間掃除をしていない牛小屋の掃除
⑥ 鉄の羽を持つ鳥のみな殺し
⑦ 牡牛の生け捕り
⑧ 人食い牝馬の生け捕り
⑨ アマゾン族の女王から帯を奪う
⑩ 巨人の飼う牛の生け捕り
⑪ 黄金のリンゴを手に入れる
⑫ 3つの頭を持つ冥界の番犬ケルベロスの生け捕り

アトラス
11番目の難業に登場するのがアトラス。アトラスはティタノマキアで敗北したのち、天空を支えるという罰を与えられていた。

ケルベロス
指示通り冥界からケルベロスを連れてきたものの、その恐ろしさから早く戻すように言われてしまう。

ギリシャ神話

全宇宙崩壊！ 神と巨人の戦い

世界をかけた戦い再び、オリュンポスの神々と巨人たちの壮絶戦

世界を手中に収めたゼウスたちオリュンポスの神々。しかし、我が子であるティタンの神々を奈落に封じ込められたことで、ガイアは、**これまで味方をしていた孫であるゼウスに怒り狂います。**

ガイアは、巨大な体を持つ異形のものたちを出産。彼らは非常な怪力で、大蛇の足を持ち、雄叫《おたけ》びとともに燃え盛る大木や巨岩を、神々に向けて投げつけました。

迎え撃つ神々は、それぞれの得意分野で奮戦しますが、**ギガントマキアの戦いの鍵を握っていたのは英雄ヘラクレス**でした。

ゼウスが人間との間に息子をもうけたのは、巨人族との戦いに勝利するには、**人間の英雄が必要だという予言があったから。**予言通り大活躍したヘラクレスの働きによって、神軍は優勢になります。

追い詰められたガイアは、最後の手段として奈落の神タルタロスと契りを結び、**最強の怪物デュポンを生み出しました。**

デュポンの威力により一度は捕らえられたゼウスですが、風変わりな息子ヘルメスの機転により救い出され、雷をふるってデュポンを追い詰め、勝利を手にします。

その後、ティタン神族を奈落から解放したゼウスは、**ギリシャ神話の真の王となりました。**

ギガントマキア：巨人族とオリュンポスの神々との戦いのこと。ガイアがゼウスたちと戦わせた巨人がギガス族と呼ばれていたことに由来する。

神々の終わらない戦いギガントマキア

ゼウス
ガイア
対立
タルタロスと
交わり生む

戦いの原因はいつもガイア!?

ギガントマキアが起きた原因は、ティタノマキアでゼウスがティタン神族らを幽閉したことに、ガイアが腹を立てたから。しかし、ティタノマキアではゼウス勝利のためにアドバイスをし、その前のウラヌス殺害はガイアがクロノスに争いを仕掛けた。

怪物デュポン

肩から蛇の頭が100本生え、腰から下は大蛇がとぐろを巻いた姿の巨体の怪物。脳天が星に触れ、両手を伸ばすと世界の端に届くほどの大きさ。ゼウスをも負かした怪物だ。

倒す作戦に
支援

半神 ヘラクレス

プロメテウス

ティタン神族のひとり。ティタノマキアではゼウスに味方したため、ティタン神族の敗北後も自由の身だった。しかし、人間に同情し、天上の火を盗み人間に与えたためゼウスの怒りを買って岩山に磔《はりつけ》の刑に処された。のちに、ヘラクレスに救出され、ゼウスとも和解を果たす。

ギリシャ神話

狡猾な神々の使者ヘルメス

泥棒と嘘つきの才能を欲したゼウスが生ませた風変わりな神

ゼウスは何かのときのために、**ずる賢さや嘘つきの才能を持つ仲間をほしがっていました。**そのため、真夜中に妻ヘラの目を盗み、目をつけた女神のもとに泥棒のようにコソコソと通って子づくりをしたのです。

こうして生まれたヘルメスは、父ゼウスの期待通り、**盗みや嘘の天才でした。**生まれたその日に、異母兄にあたるアポロンの家畜である牛50頭を盗み出します。

ゆりかごに戻って眠っているところを、アポロンによって父ゼウスの前に引き出されても、涼しい顔をして「知らない」と嘘をつきます。「生まれたばかりの私に、そんな大それたことができるわけありません」と。

すべてお見通しのゼウスは、思い通りの子どもが生まれたことに大喜び。アポロンの牛を返させ、仲直りさせました。

ヘルメスが発明した竪琴《たてごと》をアポロンは気に入ってもらい受け、代わりに、すべてのものを眠らせる杖をヘルメスに与えます。結局、**ヘルメスとアポロンはオリュンポス12神のなかで、もっとも仲がよくなりました。**

ヘルメスはその抜け目ない利発さや、すばしっこさで、神と巨人の戦いではゼウスを助けます。神々の伝令役を務めるほか、**商業や貿易、旅人の守護神ともされる活躍ぶりです。**

オリュンポス 12 神：ゼウス、ヘラ、ポセイドン、ヘスティア、デメテル、アテナ、アポロン、アルテミス、アレス、ヘパイストス、アフロディテ、ヘルメスの 12 神。ゼウスの兄弟ハデスは地下深い冥界の王のため、神々の会合に集えず、含まれない。

神々のメッセンジャー、ヘルメス

羽の生えた、つばの広い帽子をかぶっている美青年。ローマ神話のメルクリウス（英語読みはマーキュリー）と同一視される。

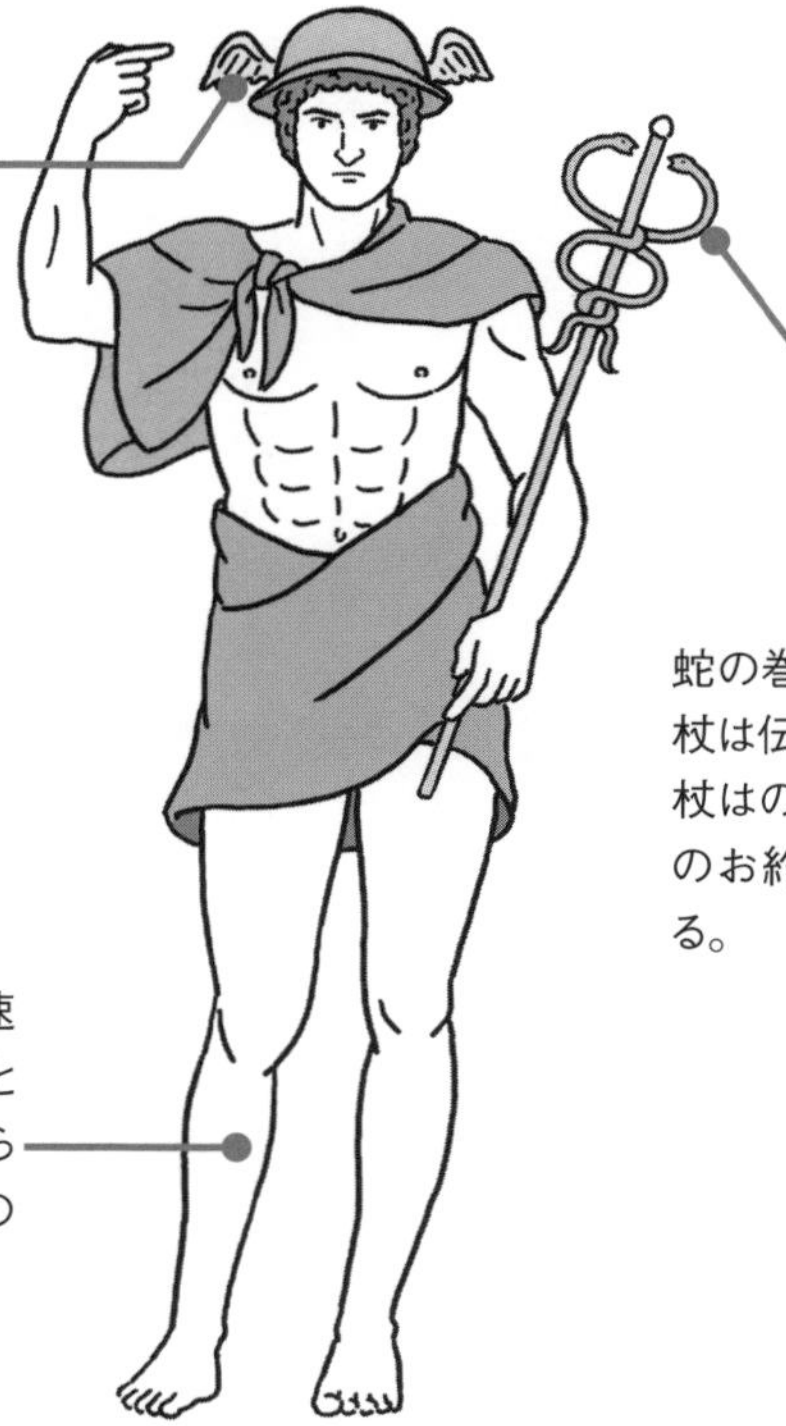

蛇の巻きついた黄金の杖は伝令役の証《あかし》。この杖はのちに、魔法使いのお約束アイテムとなる。

神々の中で一番足が速くフットワークが軽いことから、スポーツマンからも崇拝を集め、体育の神ともいわれる。

ヘルメスの息子パン

パンは生まれつき山羊の足と角を持ち、長いあごひげを生やしたユニークな容《よう》貌《ぼう》で、これが神々を笑わせ、祝福された。

ゼウスの参謀たる多彩さ

狡知に富み詐術にたけたことから計略の神・雄弁と音楽の神としても崇《あが》められたヘルメス。竪琴、笛、数、アルファベット、天文学、度量衡を発明したり、火の起こし方を発見したりして、人間にもたらした。神々の中でも珍しく人間に好意的な存在として描かれる。

ギリシャ神話

戦いを好む軍神アレス

ゼウスとヘラの間に生まれた、戦場での流血を好む残忍な神

ゼウスとヘラの間には青春の女神ヘベ、戦争の神アレス、出産の女神エイレイテュイアといった子どもがいます。

戦争を司る神はもうひとり、女神アテナがいます。ゼウスと最初の妻である知恵の女神メティスとの間にできた娘ですが、我が子の謀反《むはん》を恐れたゼウスは、メティスごと胎児を呑み込んでしまいます。

アテナは父ゼウスの頭の中で成長し、その額を割って生まれ出ました。

同じ戦争を司る神でありながら、聡明《そうめい》で慈悲深く、武勇を司るアテナに対し、アレスは**殺害や流血が繰り広げられることを楽しんでいました。**

その残虐《ざんぎゃく》さから、ほかの神々にも疎《うと》まれることが多かったアレス。12神としては目立った功績もあまりありません。ただし、**その姿はまばゆいばかりの美男**とされています。

ゼウスが頭から娘を生んだことに対抗したヘラが、単独で生み出した鍛冶の神ヘパイストスは、美の女神アフロディテの夫に。

アフロディテの不倫相手だったアレスは、ヘパイストスが寝室に仕掛けたワナにはまり、アフロディテと全裸で抱き合う姿を神々にさらされ辱《はずかし》めを受けるという、不名誉な話でも知られています。

ヘベとエイレイテュイア：ヘベは青春を司る美しい乙女の神。母ヘラにもっとも愛された。エイレイテュイアはヘラによく仕えた、出産や産婦の保護者たる神。

争いごとが大好きな戦いの神アレス

鎧《よろい》を身にまとい剣を持って戦場を駆け巡るが、トロイア戦争では人間に負け、半神のヘラクレスにも負け、よいところなし。

神話の中でもイケメンだが、乱暴で残虐な性格から神々の間でもあまり人気がない。

言い伝えでは身長が200メートルもあるという長身。城壁を踏みつぶすほどだったことから「城壁の破壊者」の異名も。

もうひとりの軍神アテナ

戦いを司る神には、アレスの腹違いの姉妹である女神アテナもいる。慈悲深いアテナはアレスと違い、父ゼウスに好かれた。

ローマ神話では人気者に

ギリシャ神話では粗野で不誠実な性格のせいで嫌われ者だったが、ローマ神話では軍神で農耕神のマルスと習合。マルスはローマを建国したロムルスの父でもあり、篤く信仰された。性格も勇敢で理想の戦士へと変わり、一躍重要な神に昇格した。

ギリシャ神話きっての美神アポロン

ヘラの妨害に負けず生み落とされた、まばゆい神託の神

アポロンはゼウスと女神レトの間に生まれた息子です。**たくましい美男子で、誕生の際には全身から黄金の光が放たれた**とか。

母レトはゼウスの妻ヘラの嫉妬《しっと》により、お産の地を奪われて放浪します。しかもヘラは出産の女神エイレイテュイアを足止め。レトは9日もの間、陣痛に苦しむことになります。

見かねた女神たちの助けによって、ようやく生まれ出ることができたのが、アポロンと双子の姉アルテミスでした。

アポロンは**知性や芸術、運動など、すべての才能を持ち合わせ、ゼウスの意志を人々に伝える神託者としての役割**も担っていました。

アポロンには、同時に**怒りっぽく残酷な一面もあった**とされます。さらに弓矢の神として、射った矢により死や疫病《えきびょう》を引き起こす恐ろしい神だとも。その逆に、**病気や災《わざわ》いを取り去る万能の癒《い》やし手**としての顔も持っていました。

人気者のアポロンですが、愛の神エロスの遊び心から、河のニンフ（精霊）ダフネに恋焦がれたものの、拒み続けられます。

アポロンから逃れるため月桂樹《げっけいじゅ》に姿を変えたダフネ。アポロンは月桂樹を自らの聖木としました。そこから、**芸術や競技の名誉の証**として、月桂樹の冠が捧げられることになったのです。

ダフネ：「月桂樹」という意味の名前を持つ美しいニンフ。アポロンは愛の神エロスを嘲笑《ちょうしょう》した罰で黄金の矢を射られて恋に落ちた。

世界を照らす輝かしい神アポロン

美しい河の精霊ダフネに恋したが、ダフネは拒否し月桂樹に姿を変えてしまった。悲しみのあまり、アポロは月桂樹を聖木とした。

シンボルは竪琴。ヘルメスから譲り受けた竪琴を奏で、女神たちを指導した。また、神託所の毒蛇を倒した黄金の弓も持つ。

芸術・音楽の神、弓矢の神、死と疫病を起こす神、医術を司る神と多彩な面を持ち、ギリシャ人の理想像となった。

9日もの陣痛の末に

アポロンの母レトは、ゼウスの嫉妬深い妻ヘラの怒りを受け、9日もの間、陣痛に悩まされるという苦痛を味わされた。

神託を預かる役割も

アポロンの役目はゼウスの神託、意志を人間に伝えることで、神託を伝えるデルフィ神殿の主でもあった。ゼウスの神託を人間に伝えることは、ゼウスが人間界を支配する上でとても重要だった。ただ、アポロンの言葉はときにわかりにくかったらしい。

愛と美と豊穣の女神アフロディテ

神の男性器から生まれ、数々の浮名を流した絶世の美女

見る者すべてを虜《とりこ》にしたとされる美の女神アフロディテの誕生は、とても変わっています。

母なる大地の原初神ガイアの企《くわだ》てにより、息子クロノスに男性器を切り落とされたウラヌス。その男性器は海に投げ捨てられ、波間を漂いました。やがて**泡（アプロス）に包まれた男性器が美神となった**というものです。

裸身のまま流れ着いたキプロス島に上陸すると、足元に草が茂り、花々が咲き乱れます。その姿を見た**愛の神エロスは、彼女を母のように慕って敬います。季節の三女神はアフロディテに仕えることを誓い**、神の衣をまとわせてオリュンポスに導きました。

あまりの美しさに驚く神々。そしてゼウスは彼女を養女とします。

この絶世の美神が鍛冶の神ヘパイストスと結婚したことは、深い謎《なぞ》とされています。ヘラが単独で生んだヘパイストスは、毛むくじゃらで足の不自由な醜い姿をしていたからです。

もちろんアフロディテは夫に不満。勇壮で見目麗《うるわ》しい戦《いくさ》の神アレスを愛人とし、夫のワナによって恥ずべき不貞の現場が神々に晒《さら》されても、その関係を続けました。

そうしてアレスとの間に子をもうけながら、さらに人間らとも浮気を繰り返しますが、生まれた子どもの多くは不遇な人生を送ります。

ヘパイストス：ゼウスとヘラの子で、炎と鍛冶の神。まじめな性格で仕事熱心。ゼウスをはじめ大勢の神の武器をつくった。

愛と美の化身アフロディテ

惚《ほ》れないものはいないというほどの美貌と妖《よう》艶《えん》な雰囲気を持つ。ただし、自由奔放で数々の浮名を流した。

切り落とされ海に投げ捨てられた神の男性器から泡が生じ、そこから生まれたという。

ルネサンスの巨匠ボッティチェリが描いた絵画『ヴィーナスの誕生』が有名。アフロディテがキプロス島に降り立つと、足元には若草が生え、小鳥や動物が集い、美と愛が生まれたという。

男性器から生まれた美女

ウラヌスの男性器は海に投げ落とされたが、アフロディテが生まれたのは離れたキプロス島。断片となっても神の力は大きい。

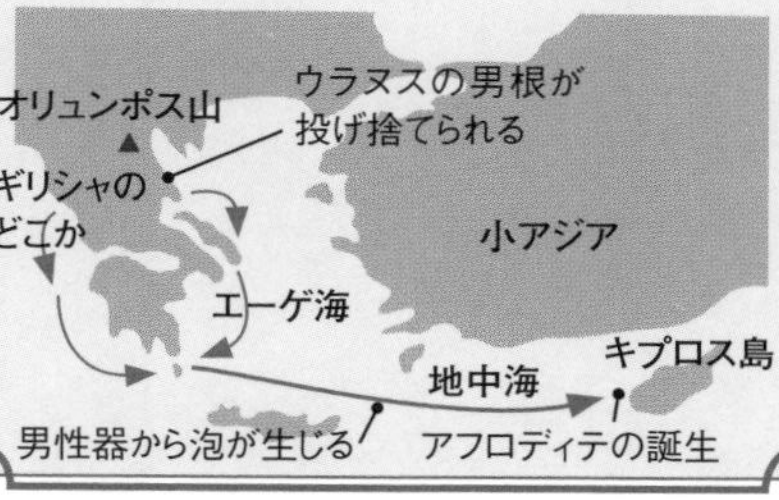
オリュンポス山
ウラヌスの男根が
投げ捨てられる
ギリシャの
どこか
小アジア
エーゲ海
地中海
キプロス島
男性器から泡が生じる
アフロディテの誕生

なぜ神々は裸なの？

神の図像は全裸か半裸姿ばかりだが、普段からこの姿だったわけではない。これはルネサンス以降に定着したスタイル。芸術作品の依頼主の希望により、教会の目をかいくぐりながら、エロティックな描写をするために、神話の神々が用いられた。

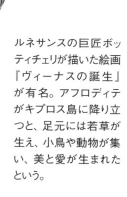

愛の女神アフロディテの悲恋

美しすぎる悲劇か、心から愛する者を失って嘆き悲しむ運命

アフロディテとアレスの間には、3人の子どもがいました。ポボスとディモスは恐怖の神であり、父アレスとともに戦場に赴いては、人々を恐怖に突き落として父を喜ばせていました。

3人目の子ども、**調和を司る女神ハルモニアは、人間界の英雄カドモスと結婚します。**しかし不義密通の子として、戦いの女神アテナと、アフロディテの夫ヘパイストスにより、結婚祝いに呪いがかけられてしまいます。

カドモスは呪いによって蛇の姿となり、それを抱きしめ続けたハルモニアも、やがて蛇へと姿を変えます。

ポボスとディモスだけでなく、アフロディテ自身も悲恋に嘆き悲しみました。

アフロディテの怒りを買い、父王に恋焦《こ》がれる呪いをかけられた娘と父の間に生まれた息子アドニス。**このあまりに優美な青年に、アフロディテは恋をします。**

恋敵のペルセポネは、アフロディテを選んだアドニスへの復讐《ふくしゅう》でアレスに告げ口を。怒り狂ったアレスは猪に姿を変えて、牙《きば》でアドニスを刺し殺すのでした。

アフロディテの**涙は真紅のバラの花となり、**アドニスが流した**血は、大地に真っ赤なアネモネの花を咲かせたといわれます。**

ペルセポネ：ゼウスとデメテルの娘で、母デメテルを助けて花を咲かせる女神。冥界の王ハーデスにさらわれ、妻となったため、冥界の女王に。

恋多き美の女神の結婚と浮気

ゼウス

ヘラ

ゼウス ＝ ヘラ

ゼウス →［養女］→ アフロディテ

ゼウス →［信頼］→ ヘパイストス

ヘラ ↔［憎悪］↔ ヘパイストス

＼たくましい美神／

軍神
アレス

浮気現場をおさえられ、アレスはほうほうの体で逃げたが、アフロディテは余裕の笑みを浮かべていたという。

［不倫］

＼絶世の美女／

美の神
アフロディテ

［結婚］

不細工で
＼毛むくじゃら／

鍛冶の神
ヘパイストス

神々の武器をつくる技術・鍛冶の神。

ヘパイストスは見えない網をベッドに仕掛けて浮気現場を押さえ、ふたりの恥ずかしい姿を神々に見せつけた。

すると、神々は大いに笑ったが…

アフロディテを抱けるなら、俺たちももっと恥ずかしい目にあってもよい！

アフロディテの浮気癖は直ったのか？

浮気発覚後も、アフロディテは浮気を繰り返した。しかし、そのたびに、ヘパイストスはアフロディテを許し、ふたりは別れることがなかった。

アンキセス ♥ **アフロディテ** ♥ **アドニス**

アンキセス：トロイの王族の英雄。ふたりの間から生まれた武将アイネイアスの子孫は、後のローマ建国者の一人ロムルス。

アドニス：人間の美少年。狩猟の最中に命を落としてしまい、流れ出たアドニスの血からはアネモネの花が咲いたという。

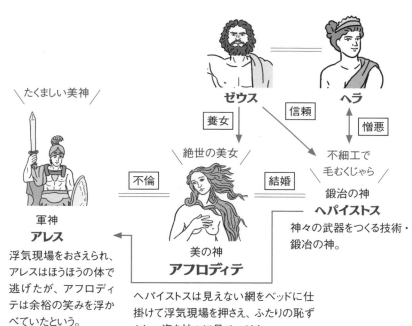

ギリシャ神話

人間界初の女性パンドラ

人間を懲らしめるために送り込まれ、数々の厄災を世に放つ

パンドラはゼウスの命令によってつくられた、人間の初の女性。ヘパイストスが泥と水をこね、アフロディテが男を惑《まど》わせる魅力を、ヘルメスが嘘や狡猾《こうかつ》さなどを与えました。

女神たちに華麗な衣装や装飾品で飾られたパン（すべて）ドラ（贈りもの）は、人間を苦難に向かわせる存在として送り込まれます。

これはプロメテウスが天の火を盗み、飢えや寒さに苦しむ人間に分け与えたことへの罰でした。プロメテウスも岩山にくくりつけられ、日々、大鷲《おおわし》に体を食いちぎられるという罰を受けます（P29参照）。

人間界に送り込まれたパンドラは、ゼウスからけっして開けてはならないと言われた甕《かめ》の中をこっそりのぞいてみることに。

甕のふたをずらすと、なかからたくさんのものが恐ろしい勢いで飛び出していきます。あわててふたをしたものの、ときすでに遅く、中に残ったのはひとつだけでした。

世界中に飛び散ったものは、**疫病や犯罪、悲嘆や疑念といった厄災《やくさい》たち。**以後、人間は怯え心配しながら暮らすこととなりました。

一方、**甕の中に残ったひとつは希望（エルピス）でした。**困難や絶望に打ちひしがれるときでも、未来に希望を持つことだけは許されたというわけです。

エルピス：パンドラが開けた甕に残っていたもの。古代ギリシャ語であり、希望、予兆、期待などと訳される。

この世に災いをもたらしたパンドラ

「パンドラの箱」として有名だが、本来は甕。後にラテン語で翻訳されたときに、「箱」となった。

ヘパイストスが泥と水をこねて美しい乙女をつくり、そこにアフロディテが女の魅力を注ぎ込み生まれた。

豊穣の神ともされるパンドラは後に「悪女」というレッテルを押される。これは古代ギリシャの詩人ヘシオドスの表現によるもの。

残された希望とは?

甕に残された「希望」。これは古代ギリシャ語の「エルピス」で、「予兆」「期待」という意味もある。そもそも、この甕を渡したゼウスは、パンドラが開けることも想定済みだったという。では、「エルピス」が残されたことは思惑通りか否か。

さまざまな神の共作

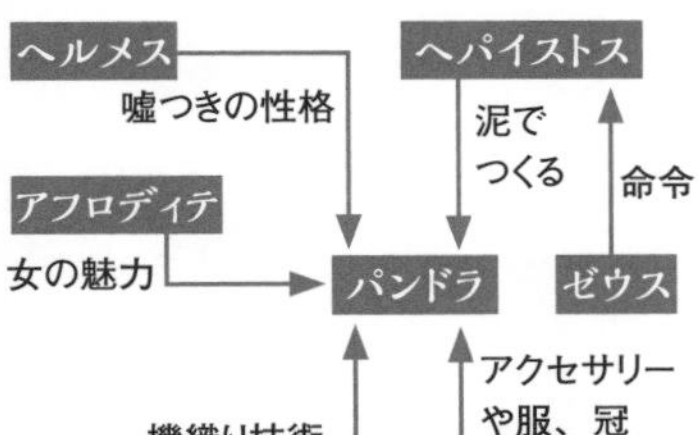
ヘルメス
嘘つきの性格
ヘパイストス
泥でつくる
命令
アフロディテ
女の魅力
パンドラ
ゼウス
アクセサリーや服、冠
機織り技術
アテナ
女神たち

COLUMN

神と英雄が愛した最強の武器

～ギリシャ神話～

強さの証・大いなる武器。立派な神・英雄には、彼らのシンボルとなるような特別な武器があるもの。その武器にフォーカスしてみよう。

Ⅰ 最高神ゼウス

巨人キュクロプスがつくった雷霆《らいてい》（ケラウノス）はすさまじい閃光《せんこう》を放つ、まさに天空神を象徴するもの。この武器があったからこそ、ゼウスはギガントマキアで勝利を手に入れた。

世界を一撃する
破壊力

雷霆

Ⅱ 海洋神ポセイドン

ゼウス同様、巨人キュクロプスがもたらした武器、三叉銛《さんさせん》（三叉槍《さんさそう》）。武器だけではなく、海の生き物を制御するため、海の獲物をとるための道具としても使われた。

嵐・大波を
生み出す

三叉銛

Ⅲ 英雄ヘラクレス

赤子の頃からの怪力を象徴するかのような太い棍棒。「12の難業」の冒険でも、ライオンや毒蛇ヒュドラを倒す際に使われた。強弓も彼の武器だった。

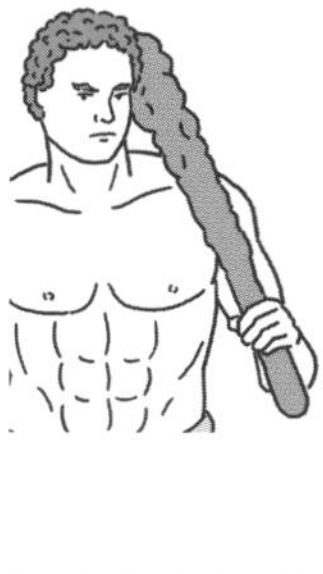

ひと振りで
山をも崩す

棍棒

PART 2

終末に向かって突き進む 北欧神話の神々

ノルウェー、スウェーデン、デンマークなど、いわゆる北欧で間で伝承されてきた神話、北欧神話。寒さの厳しい自然環境の影響を濃く受けた悲壮な世界観を持ち、その中で神と英雄は葛藤《かっとう》する。そんな姿を紹介しよう。

北欧神話 神々の系譜

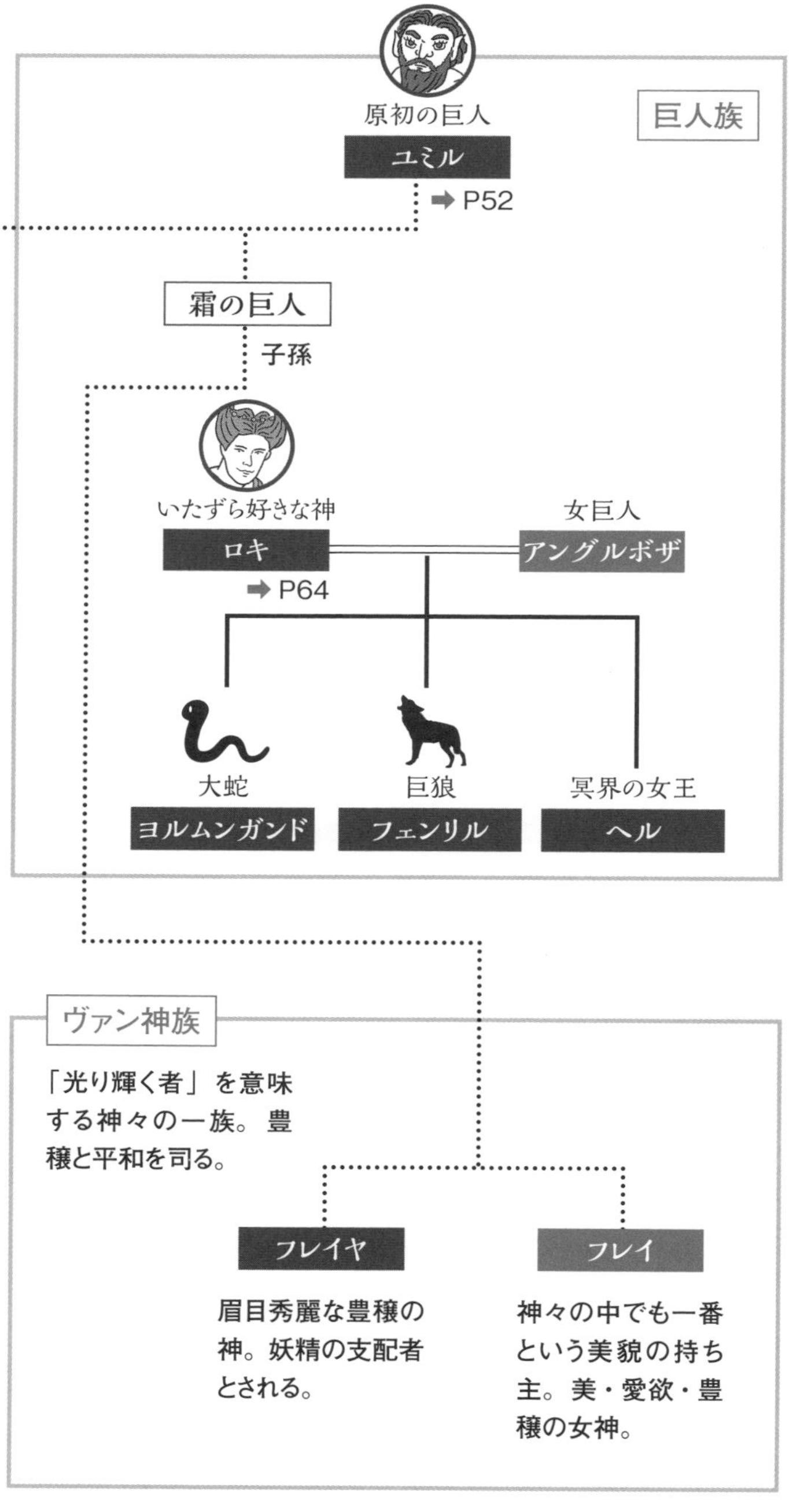

巨人族
原初の巨人
ユミル
➡ P52
霜の巨人
子孫
いたずら好きな神
ロキ
➡ P64
女巨人
アングルボザ
大蛇
ヨルムンガンド
巨狼
フェンリル
冥界の女王
ヘル
ヴァン神族
「光り輝く者」を意味する神々の一族。豊穣と平和を司る。
フレイヤ
眉目秀麗な豊穣の神。妖精の支配者とされる。
フレイ
神々の中でも一番という美貌の持ち主。美・愛欲・豊穣の女神。

■ 男性
■ 女性

恋愛関係、夫婦関係

親子関係

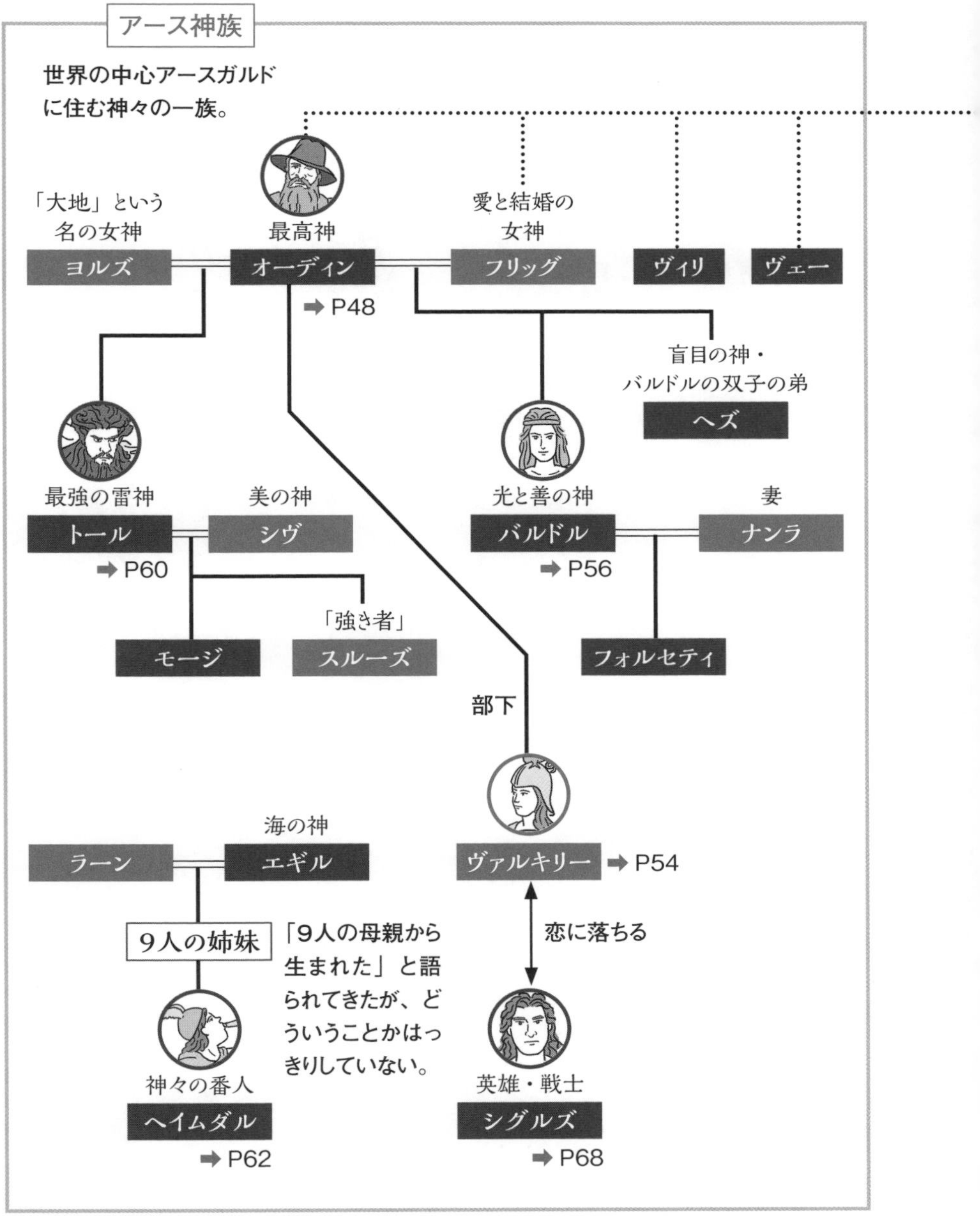
アース神族
世界の中心アースガルドに住む神々の一族。
「大地」という名の女神
ヨルズ
最高神
オーディン
➡ P48
愛と結婚の女神
フリッグ
ヴィリ
ヴェー
盲目の神・バルドルの双子の弟
ヘズ
最強の雷神
トール
➡ P60
美の神
シヴ
光と善の神
バルドル
➡ P56
妻
ナンラ
モージ
「強き者」
スルーズ
フォルセティ
部下
海の神
ラーン
エギル
ヴァルキリー
➡ P54
恋に落ちる
9人の姉妹
「9人の母親から生まれた」と語られてきたが、どういうことかはっきりしていない。
神々の番人
ヘイムダル
➡ P62
英雄・戦士
シグルズ
➡ P68

世界樹に支えられた世界

世界の中心にそびえ立つ巨樹のもとで展開する死闘

北欧神話とは、スカンディナヴィア半島からドイツ北部のバルト海沿岸で暮らしていた**ゲルマン人の間で語り継がれた神々の物語**です。世界にはもともと何も存在せず、霧だけが立ち込めていたというところから北欧神話ははじまります。そこに、**原初の神・巨人ユミルが誕生し**、巨人族がつくられていきます。

一方、**最高神と呼ばれるオーディンも誕生。**オーディンは、巨人族と対立するアース神族の中心的存在となり、やがて巨人ユミルを殺害。その肉や血、骨、髪、脳などを材料にして天地を創造していきました。

北欧神話の世界観は、世界樹ユグドラシルで語られます。ユグドラシルとは、世界の中心を貫くトネリコの大木のことで、周囲を天上・地上・地下の3層が取り囲んでいます。天上にはオーディンら神々が暮らすアースガルド、ヴァナヘイム、アールヴヘイムがあり、地上には人間界のミドガルドと巨人族が暮らすヨツンヘイム。そして地下には霧の国ニヴルヘイムと死者の国ヘルが存在します。

オーディンら神々と巨人族との壮絶な死闘は、すべてユグドラシルの中で展開していきますが、**最終戦争ラグナロクによってオーディンをはじめとする神々は滅亡。**ユグドラシルも焼失して北欧神話は終末を迎えます。

ヴァナヘイムとアールヴヘイム：ヴァナヘイムはヴァン神族の国。アールヴヘイムは光の妖精らの国で第一層にあり、ヴァン神族のフレイが彼らの王とされる。

北欧神話の世界は巨樹が中心

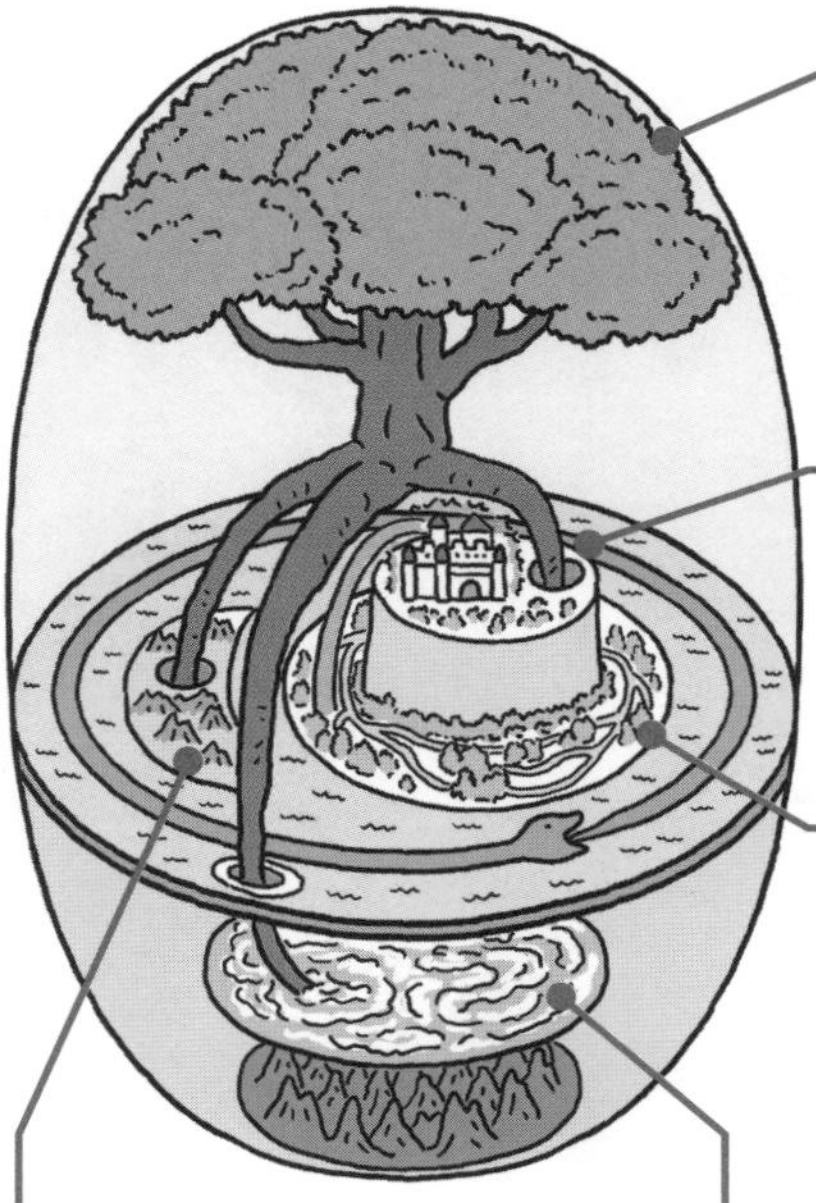

ユグドラシル
世界の中心に立つ大きな木。根っこが3つに分かれ、3つの国の泉へと伸びている。

神々の国アースガルド
頑丈な城壁で囲まれている。神々が見下ろせる位置に、人間の国がある。

人間の国ミドガルド
ユミルのまつ毛でつくられた柵で囲まれている。中央の高台にある神々の国へは、ビフレストという虹の橋を渡らないといけない。

巨人の国ヨツンヘイム
柵の外側、神々の国と人間の国から遠く離れたところにある。

地下の世界
天地創造以前からあるとされる霜の国ニヴルヘイムと死者の国ヘルがある。

登場する３つの種族

①神族
「命、生命力」という意味を持つアース神族、豊穣《ほうじょう》や富をもたらすヴァン神族など。

②巨人族
神族に対立している。原初の神ユミルやトリックスター的な存在のロキといった個性的な面々が集う。

③人間族
英雄シグルズら人間族は神々の支配下にあるという設定。神々らの気まぐれや争いに巻き込まれる。

北欧神話

知的で冷徹な最高神オーディン

神も人間も神通力で牛耳る最強知能を持つ

北欧神話の主役は、強烈な威厳を放ち、アース神族の頂点に立つ最高神オーディンです。

兄弟のヴィリ、ヴェーとともに巨人ユミルを殺害。その肉体で天地創造を成し遂げます。万物を生み出し、戦争、死、知識、詩芸などを司《つかさど》り、呪術《じゅじゅつ》で世界を支配する最強の神は、2本の流木から人間をも創造しました。

つばの広い帽子を目深にかぶり、青いマントを翻《ひるがえ》し、魔法の槍《やり》グングニルを手にした老神として描かれるオーディン。8本足の愛馬にまたがり、2頭の狼と2羽のカラスを従えてユグドラシルを縦横無尽に駆け巡ります。

知的欲求もとても強く、ルーン文字の秘術を手に入れるために自分の身体に槍を刺し、9日9晩にわたってユグドラシルの枝に体を吊《つ》るすという強烈なエピソードも。

戦闘の神と崇《あが》められ、庇護《ひご》を求める者には勝利をもたらす反面、戦争を起こし、**神の命も人間の命も問わずに突然なきものとするなど性格はかなり冷徹**。また、**誠実とはいいがたい女性遍歴**も数多く描かれています。

冷酷で非道ともいえるオーディンですが、最終戦争ラグナロクで滅亡するという予言に怯《おび》えます。用意周到に戦闘態勢を整えて死闘に挑むものの、巨人族の狼フェンリルに飲み込まれ、あえなく最期を迎えます。

ルーン文字：ゲルマン人が用いていた古い表音文字で、紀元後100年～200年頃まで使われていたとされる。ラテン文字にとって代わられた。

厳しい修行もいとわない神々の王オーディン

魔法の槍グングニルは決して的を外さない。敵を貫いた後は、自然とオーディンの元に戻るという。

知恵の泉ミーミルの水を飲むために、代償として片目を失う。さまざまな肉体的苦行を経て、あらゆる叡智を手に入れた。

片目であることを隠すために帽子を深くかぶり、青いマントに身を包んだ老人の姿で描かれることが多い。

万能ではない神々

最終戦争ラグナロクで神々が亡くなるように、北欧神話の神々は不老でも不死でもない。最高神オーディンでさえ、息子の死を防ぐこともよみがえらせることもできず、終末の予言に怯えた。まるでゲルマン人の生きた冷厳で荒涼とした土地を反映するかのような過酷な運命を持つ神話だ。

オーディンと巨人族

アース神族 主神		巨人族 主神
オーディン	対立	ユミル
オーディンがユミルを殺害して天地を創ったため、巨人族の子孫が城壁をこえて襲ってくるという恐怖に駆られている。	← 子孫	アース神族の武器や知識は巨人族からもたらされたと語られることが多い。巨人族もまた家族がいて、普通に暮らしている設定だ。

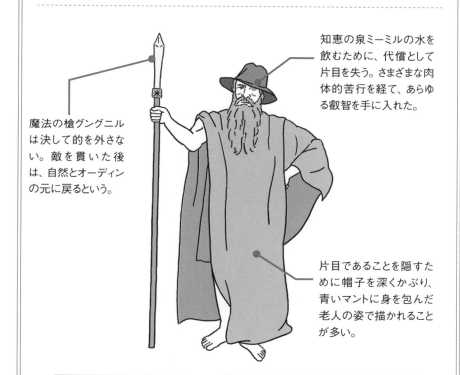

オーディンが創造した世界とは？

海も大地も植物も巨人ユミルの屍が材料

世界樹ユグドラシルがそびえる世界を創ったアース神族の最高神オーディン。**その天地創造は、巨人ユミルの屍《しかばね》がもととなりました。**

血は海となり、肉は大地となり、木々や岩石、空を流れる雲は、骨や髪の毛、脳で創られました。頭蓋骨《ずがいこつ》は一番上に置かれて天となり、ここに太陽、月、星も配置されます。

次に、オーディンは人間を生み出しました。海で2本の流木を拾い、人の形に彫り、生命、魂、頭脳、言葉などを与え、アスクとエンブラという最初の男女を創造したのです。

オーディンは、**大地にミドガルドという世界を作り、そこに人間たちを住まわせました。**さらに、ユミルのまつ毛で柵をつくり、**敵対する巨人たちをヨツンヘイムと呼ばれる世界に押し込めました。**

オーディンらアース神族が暮らしたのは、ユグドラシルの中央につくり上げたアースガルドです。城壁を築き、黄金がきらめく豊かな暮らしを神々は満喫していました。

しかし、ヴァン神族との戦争で強固な城壁は崩落。修復を申し出た鍛冶《かじ》職人との間でもだましだまされの大混乱が勃発《ぼっぱつ》。巨人の正体を現した鍛冶職人を成敗し、城壁を再建したものの、アース神族には悪の感情がまん延。徐々に滅亡への道を歩むこととなるのです。

ヨツンヘイム：神々や人間の国から遠く離れたところにある巨人の国で、北東の果てにある。神々の住むアースガルドとの間には、川が流れている。

創世神話〜世界は雫《しずく》から生まれた〜

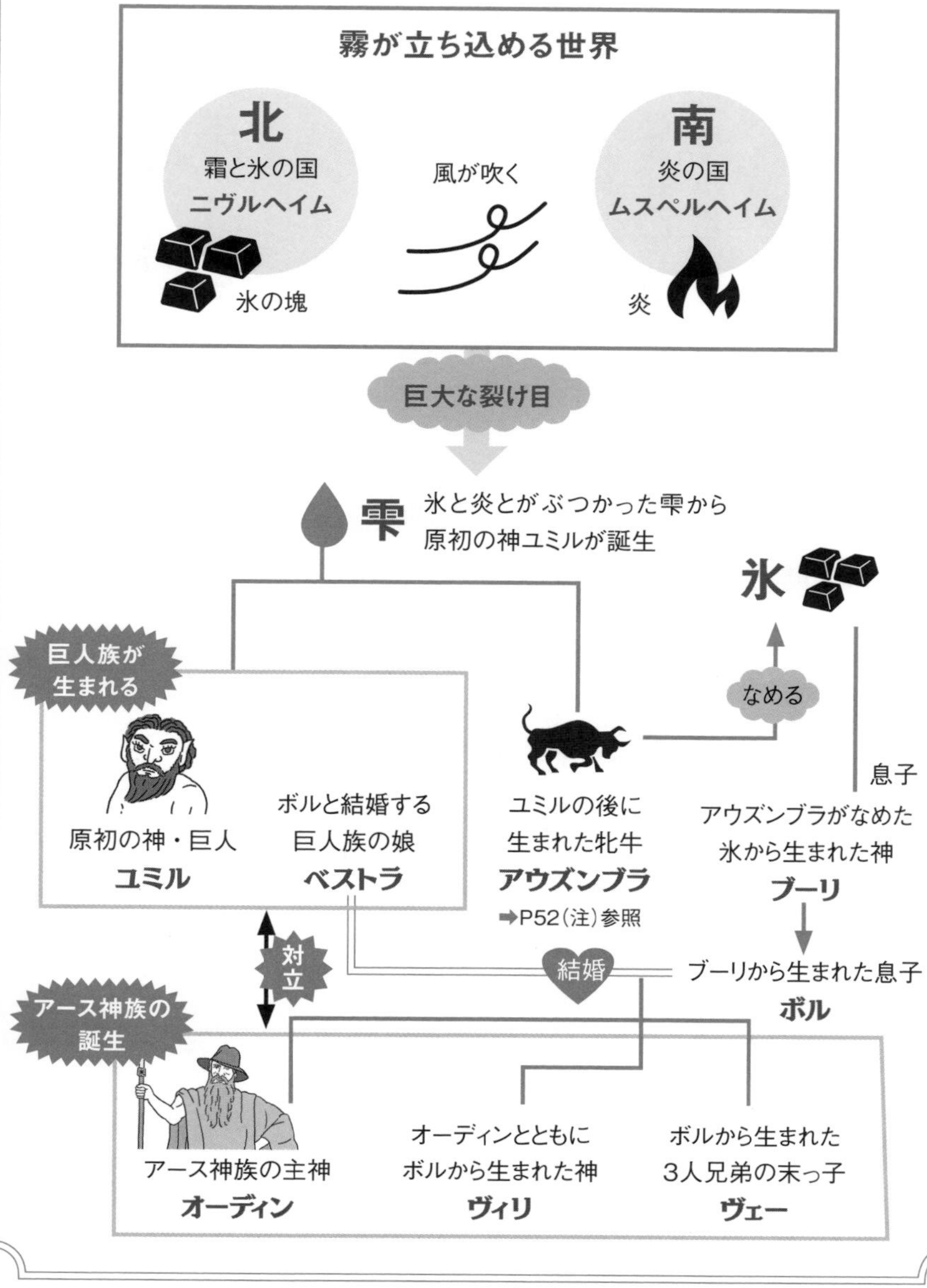
霧が立ち込める世界
北
霜と氷の国
ニヴルヘイム
氷の塊
風が吹く
南
炎の国
ムスペルヘイム
炎
巨大な裂け目
雫
氷と炎とがぶつかった雫から
原初の神ユミルが誕生
氷
なめる
息子
巨人族が
生まれる
原初の神・巨人
ユミル
ボルと結婚する
巨人族の娘
ベストラ
ユミルの後に
生まれた牝牛
アウズンブラ
➡P52（注）参照
アウズンブラがなめた
氷から生まれた神
ブーリ
対立
結婚
ブーリから生まれた息子
ボル
アース神族の
誕生
アース神族の主神
オーディン
オーディンとともに
ボルから生まれた神
ヴィリ
ボルから生まれた
3人兄弟の末っ子
ヴェー

北欧神話

天地創造の材料となった巨人ユミルとは？

ひとりで子孫を増やせる特異体質の荒くれ者

50ページでも紹介したように、北欧神話の舞台となる世界は、オーディンら3兄弟によって巨人ユミルの死体を余すところなく使って創られました。

では、天地創造の材料にされた巨人ユミルとは、何者なのでしょうか。

北欧神話は、巨人ユミルの誕生から物語がはじまります。**生命も大地も天体もなかった世界で、雫《しずく》からユミルが生まれました。**

また、川を流れる毒素が凝固してユミルを創ったという説もあります。

荒々しく狂暴なユミルは、ひとりで子孫を増やすことができるという特異体質。身体の左わきから汗とともに男女の巨人を生み出したり、足を組んで6つの頭の巨人を生み出したりして、霜《しも》の巨人一族を創ります。

しかし、ユミルが殺害されたとき、流れ出た血で霜の巨人の多くは溺死《できし》。そして、オーディンによる天地創造がはじまるのです。

このように猟奇的で戦闘モードにあふれた物語には、**北欧の厳しい自然環境や、つねに死と隣り合わせだった苛酷《かこく》な時代背景が影響している**といわれています。

また、神が創った世界もやがて滅亡を迎えるというストーリーも、**北欧の人々の終末思想から生まれている**と考えられています。

ユミルの誕生：牝牛アウズンブラがなめた霜からブーリが生まれ、ブーリは息子ボルをもうける。オーディンは、ボルと巨人の娘ベストラの間に生まれた、ユミルの子孫。

巨人をバラバラにして生まれた世界

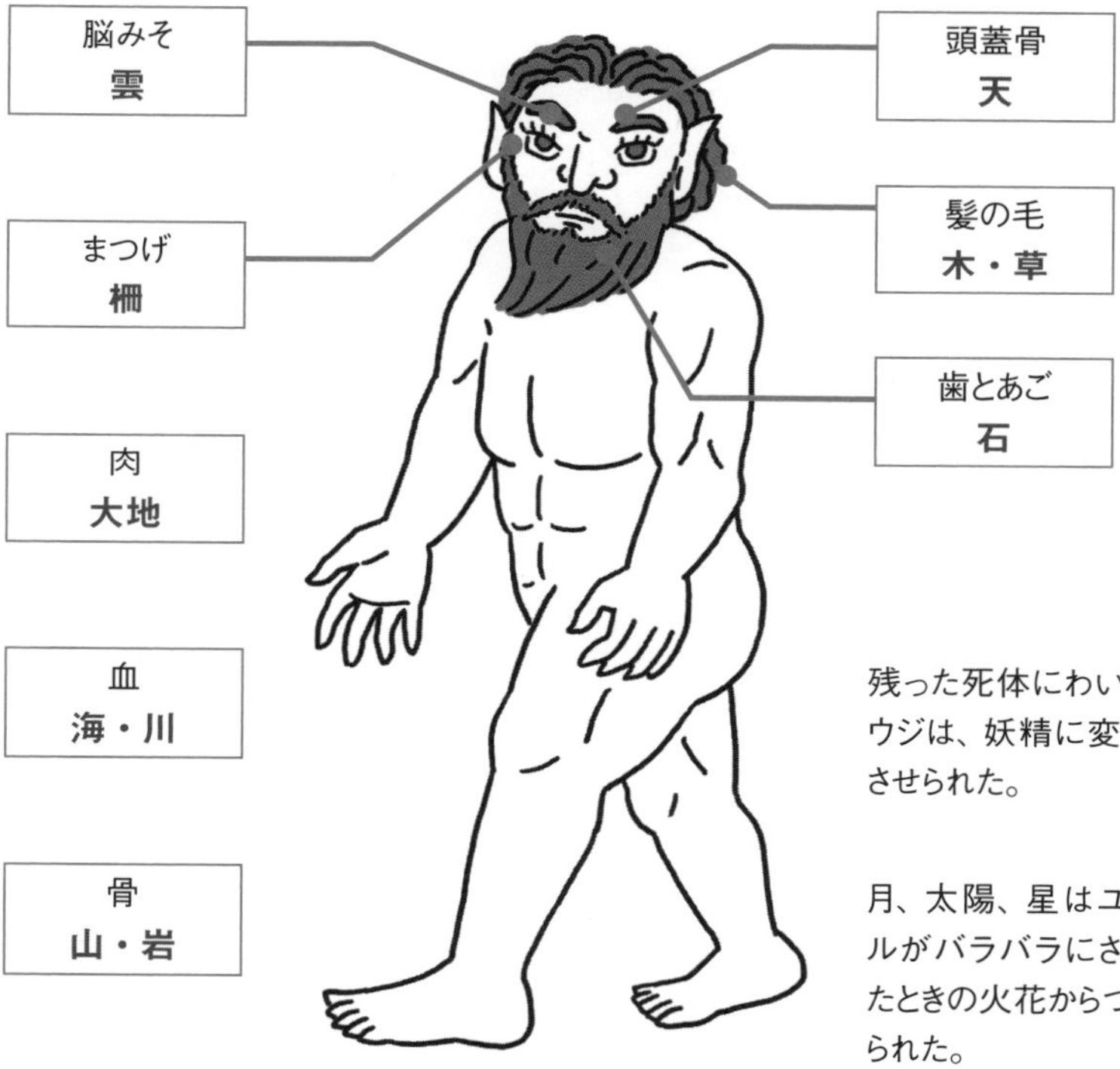
脳みそ
雲
頭蓋骨
天
まつげ
柵
髪の毛
木・草
歯とあご
石
肉
大地
血
海・川
骨
山・岩

残った死体にわいたウジは、妖精に変身させられた。

月、太陽、星はユミルがバラバラにされたときの火花からつくられた。

人間は木から生まれた

オーディンとその兄弟はトネリコの木で男を、ニレの木で女を彫り、人間をつくった。人間もまたラグナロクで大勢滅びるが、森の中で隠れ生き延びた男女がいまの人類の始祖となる。誕生も復活も木に関係する。これもまた北欧神話の自然の営みを表している。

巨人族=悪ではない存在

世界の神話では多くが「善 VS 悪」の構図をとっており、悪は滅びる運命にある。一方、北欧神話の巨人族は絶対的な悪の存在ではなく、氷やひょう、嵐など自然の猛威を象徴しているのではないかとされている。神々でさえ、自然の前ではひれ伏すしかなかった。

北欧神話

戦場を駆け巡る乙女ヴァルキリー

勝敗を握る運命の女神。オーディンに反逆することも！

激しい戦闘シーンに華を添えるのは、美しい女神たちの集団、ヴァルキリーの存在です。

ヴァルキリーには、アース神族のみならず、巨人族や人間の王の娘たちも加わり、オーディンの命令に従うことが掟《おきて》となっていました。戦争が勃発するやいなや、ヴァルキリーは天馬に乗って戦場に駆けつけます。

しかし、彼女たちの役目は参戦することではなく、**必死に戦う男たちの勝敗を機《はた》織り機で決めること。**戦士の死相を読み取り、軍配を決めるという重要な任務を負っていたのです。

また、**命を落とした戦士の魂を癒《いや》すこと**もヴァルキリーの大切な役割でした。勇敢に戦った戦士の魂を、アースガルドに建てられた戦死者の館ヴァルハラへと案内したのです。

ヴァルハラへ導かれた戦死者の魂は、ヴァルキリーが差し出す最上級のごちそうで疲れを癒します。そして、オーディンに絶対服従の戦士として再生していくのでした。

オーディンに背《そむ》くことは厳禁ですが、**反逆することもありました。**オーディンを裏切って勝手に戦争の勝敗を決めたり、戦士と掟破りの恋に落ちたりすることも。

オーディンの激しい怒りにふれたヴァルキリーには、その後、悲惨な運命が待ち受けていたことはいうまでもありません。

機織り機：ヴァルキリーは戦争の勝敗を織物の織り機で決めていた。その部品は矢や剣でできていたが、織物の糸は人間の腸、錘《つむ》は人間の頭と、なんともグロテスク。

勇ましき女戦士ヴァルキリー

兜《かぶと》と鎧《よろい》をまとった、美しく凜《り》々《り》しい乙女。英雄の守護者でもあるため、英雄らと恋に落ちることも。

白鳥に変身することのできる羽衣も持っている。

ヴァルキリーは英語読みで、ドイツ語のワルキューレとも呼ばれる。

戦士の運命を定め、勇敢な戦死者の魂をもてなす役目。天を翔《かけ》る馬に乗って颯爽《さっそう》と登場する。

ヴァルキリーの恋と嫉妬《しっと》

あるヴァルキリーは英雄シグルズ（P68 参照）と恋に落ち、結婚の約束をしたが、シグルズは忘れてほかの女性と結婚してしまう。嫉妬で怒ったヴァルキリーはシグルズ暗殺に成功するものの、「一緒に火葬してほしい」と自らの胸を刺し貫いたのだった。

ヴァルキリーの仕事

オーディン →（命令）→ ヴァルキリー

戦場で
・勝敗の決定
・戦士の守護

ヴァルハラで
・戦死者の給仕

そのほかにも、神々の伝令なども

北欧神話

世界が滅亡する最終戦争ラグナロク

神族、巨人、人間、怪物が入り乱れての大戦争

世界を支配するオーディンですが、最終戦争ラグナロクによって滅亡するという、ノルン3姉妹の予言には恐怖を抱いていました。この最悪の結末から逃れるために、容赦《ようしゃ》ない極悪な手段で身を守ろうとするオーディン。

しかし、オーディンの息子で光と善の神バルドルの死をきっかけに、**太陽と月が狼に飲み込まれ、星も地に落ち、大地も激しく揺らぐという恐ろしい天変地異が起こります。**

それまでオーディンに動きを封じられていた巨人族たちの鎖は吹き飛び、悪神ロキや魔狼フェンリルは解き放たれて勢いを増し、大軍勢を従えてアースガルドへ攻め入りました。

オーディン率いるアース神族は軍勢を強化してこれに応戦。ヴィーグリーズの野で両軍が激突し、**神族、巨人、人間、怪物が入り乱れて壮絶な戦いを繰り広げます。**

両軍ともに次々と倒されていく中、ついにオーディンは魔狼フェンリルに飲み込まれて絶命。魔狼フェンリルも、オーディンの息子ヴィーザルによって殺されました。

残されたアース神族と巨人族の相打ちとなるものの、**最後は巨人スルトが放った炎がすべてを焼き尽くして世界は海へと沈み、ラグナロクは終結。**オーディンが恐れていた滅亡の予言は、現実のものとなったのです。

ノルン3姉妹：ウルズの泉に住む3女神。ラグナロクでオーディンが、魔狼フェンリルに飲み込まれ、神族も巨人も人間も、すべてが滅亡することを予言していた。

神々と巨人の最終戦争が起こるまで

アースガルズの荒廃

オーディンはユミルから世界を創った後、神々の世界アースガルドをつくり住む。明るく華やかに暮らしていたが、ひとりの女によって神々の心はすさんでいく。

神と神の戦い

この世ではじめの戦争はアース神族とヴァン神族による神々同士の戦いだ。アースガルドを崩壊に導いたひとりの女はヴァン族だった。

バルドルの死 （P66-67参照）

破滅の予言

オーディンは世界破滅の予言を察知。それを防ぐために画策するものの、オーディンの息子バルドルの死により、世界は殺伐とした暗闇《くらやみ》に。

最終戦争ラグナロク勃発

混乱に乗じて巨人族が神族に襲いかかる。神族と巨人族の壮絶な争いがはじまった。ラグナロクは「神々の運命」という意味。

世界の破滅がメインテーマ

神々も巨人も命が果て、世界は炎に包まれ滅亡する。神々はこの世の終わりを予感しつつも、準備を怠らず、滅びという運命に向かっていく。悲劇的な未来を受容するという生き方が全体を通じて感じられるのが、北欧神話の特徴だ。

もうひとつの神族・ヴァン神族

アース神族とは別の血統の神族。アース神族とは敵対していたが、和解をしてからは、持ちつ持たれつの関係となった。同盟を結んで巨人族に立ち向かう。

北欧神話

神族VS巨人の死闘はなぜ起きたか？

憎悪と敵対心が渦巻く終末思想と滅びの美学

ユグドラシルに支えられた世界が、なぜ壮絶な死闘の末に滅亡したのでしょうか。それは、オーディンが天地創造を成し遂げたときから徐々にはじまっていました。

巨人ユミルの死体で世界を創り上げたときから**巨人族の恨《うら》みを買い、アース神族と巨人族との敵対関係はできあがっていたのです。**

そして、ラグナロクで滅亡するという予言を受けてからは、戦死者をよみがえらせて戦闘力を強化したり、その戦死者を増やすためにわざと戦争を巻き起こしたりと、容赦ない手段で身を守ろうとするオーディン。

すべてはラグナロクでの滅亡に備えた策略ではありましたが、それによって神族、巨人、人間たちの間に憎しみと敵対心が膨らみ、大戦争へと突入していくのです。

こうした物語は、**いにしえの時代に北欧の人々に生まれた終末思想と、悲劇さえも受け入れて生きようとする滅びの美学が反映されている**といわれています。

物語では、ラグナロクで滅亡するものの、かろうじて生き残った少数の神々によって世界は再生され、人間も復活します。

枯れてもまた芽を出し、成長する植物とともに生きる北欧の人々の樹木崇拝も、ストーリーに活かされています。

樹木崇拝：特定の樹木を神聖なものとして見なしたり、霊魂が宿っていると崇める思想。日本でも見られる。

ラグナロクから世界の再生まで

ラグナロク

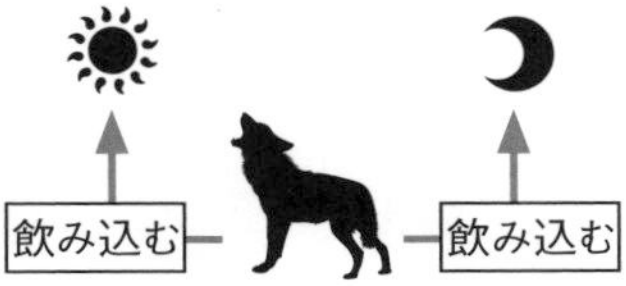

天変地異が起きる

極寒の冬が3度も続き、狼が月と太陽を飲み込む。世界は暗闇に包まれる。

▼

人間界の荒廃

あちこちで争いが起き、戦争が勃発。さらに崩壊への道が進む。

▼

開戦を告げるヘイムダル

神族と巨人族の戦い

最高神オーディンをはじめとする主要な神々と巨人は、みな相打ちして滅びる。

▼

全世界が炎に包まれる

世界は炎の剣を持った巨人スルトの炎で焼き尽くされ、海中へと沈んでいく。

⬇ **世界は終焉《しゅうえん》を迎える**

世界の再生

海から大地が浮上

それからときが経《た》ち、海底から再び大地が浮かび上がる。その大地には豊かな森が広がっていた。

豊かな緑の森

オーディンの息子など生き残ったわずかな神や人は、手を取り合って新しい世界を創っていく。

神族の生き残り

人間の生き残り

北欧神話

雷神トールは北欧の農耕神

魔法の槌で巨人を倒す心優しき荒くれ者

ヴァイキング時代に神と崇《あが》められたのはオーディンでしたが、**農耕が盛んになり人々が大地で暮らすようになると、**北欧の守り神は雷神トールに移行します。

トールは、オーディンと大地の化身ヨルズの息子。農耕の神として信仰されてきました。神話の中では、筋骨隆々とした大きな身体で、金髪に赤いひげ。手には鉄の手袋をはめて魔法の槌《つち》ミョルニルを持ち、パワーが増強するベルトをしめているという勇ましい姿で描かれています。2頭の山羊《やぎ》が引く戦車に乗って縦横無尽に世界を駆け巡りました。

北欧では、**雷が響くとトールが戦車で空を駆け抜け、稲妻が光るとミョルニルを投げつけていると言い伝えられてきました。**これが雷神と呼ばれるゆえんです。

ミョルニルは敵に投げつければ百発百中の武器ですが、空腹のトールが戦車を引く山羊を食べ尽くした後、残った骨にミョルニルを振ると山羊は何度でもよみがえりました。この槌は北欧ではお守りにもなっています。

最強の戦士として巨人族との戦いに明け暮れたトール。**神族と人間を守るために戦いぬく、心優しい愛のある神でもありました。**

最終戦争ラグナロクでは大蛇ヨルムンガンドと一騎打ちとなり、互いに絶命します。

ヨルムンガンド：毒を持つ蛇の怪物。ロキの息子でもある。ラグナロクの際には、トールが投げた槌で倒れるが、最期に吹きかけた毒でトールも命を落とす。

雷を従える最強の戦士トール

武器は戦槌ミョルニル。「粉砕するもの」という意味を持ち、一撃で叩《たた》き潰すことができる。柄を握るための鉄の手袋をつけて振るう。

いにしえの人々は、雷をトールの訪れと考えた。そこから天候を操る農耕神としても崇めた。

赤ひげをたくわえた、たくましい偉丈夫。力が倍増するベルトをつけている。声は雷のごとく大きく、目は雷のように輝き、見る者を震え上がらせる。

浄化や復活のミョルニル

戦槌ミョルニルは、攻撃のためだけのハンマーではない。結婚式で花嫁を清める儀式でも槌は使われた。これは当時の人々の間でも実際に行われた儀式だったようだ。また、オーディンの息子バルドルが死んだ際、火葬するための浄化の火を起こす際にも振るった。

雷神＝農耕神としての顔

ヨルズ　大地という意味のトールの母

母
子

トール　夫 ― 妻　シヴ

雷、空を支配する神として農耕神でもあった。

トールの妻。豊かな金髪は実った麦の穂を象徴。

北欧神話

虹の架け橋の番人ヘイムダル

世界中に響く角笛で最終戦争の開戦を伝える

アース神族が暮らすアースガルドには虹の橋ビフレストが架かり、それはほかの世界へ通じる橋でした。**その橋の番人をしていたのが、ヘイムダルです。**

ビフレストを見渡せる位置に建つ豪奢《ごうしゃ》な館ヒミンヴォルグに住み、黄金の歯を持つヘイムダルは、アース神族一のイケメン神。「白いアース」とも呼ばれています。

母は、海神エーギルの娘である9人姉妹というなんとも奇妙な出生。9人姉妹は波の象徴でもあることから、**ヘイムダルは波間に輝く太陽の反射をキャラクター化したのでは、という説が有力。**また、ユグドラシルの9つの世界と関連しているという説もあります。

世界中を旅したヘイムダルは、3人の女性との間にそれぞれ子どもをもうけます。後に子どもたちは、奴隷、農民、王族という階級のもとになったため、ヘイムダルは、**人間社会を創造した父とも考えられています。**

100マイル先まで見える視力、植物が成長する音や動物の毛が伸びる音を聞き分ける聴力、鳥より短い睡眠時間と特殊能力が満載。

最終戦争ラグナロクでは、角笛ギャラルホルンで世界中に開戦を知らせ、戦士を集結させます。最後には、かねてからのライバルだった悪神ロキと戦い、ともに死を遂げます。

ビフレスト：神々が地上からアースガルドへとかけた虹の橋で、「ぐらつく道」という意味。ヘイムダルはこの橋のたもとで番をしている。

異能を持つ見張り番ヘイムダル

世界中に音が響き渡るという角笛ギャラルホルン。最終戦争ラグナロクで神々を集結させる際にも鳴り響いた。

「白いアース」の異名を持つ美神。黄金の歯を持ち、100 マイル先まで見通せる目、草の成長する音や羊の毛が伸びる音まで聞くことのできる耳を持つ。

母は海神エーギルの娘・9人姉妹であることから、海上から顔を出す朝日のきらめく光を擬人化したとされている。

人間社会の階級の祖

ヘイムダルはリーグと名乗り、世界各地を旅し、それぞれ3人の女性との間に子をなした。その子孫たちがのちの階級のはじまりだったと伝えられている。これは実際に、8～ 11 世紀のヴァイキング社会の階級とも一致している。

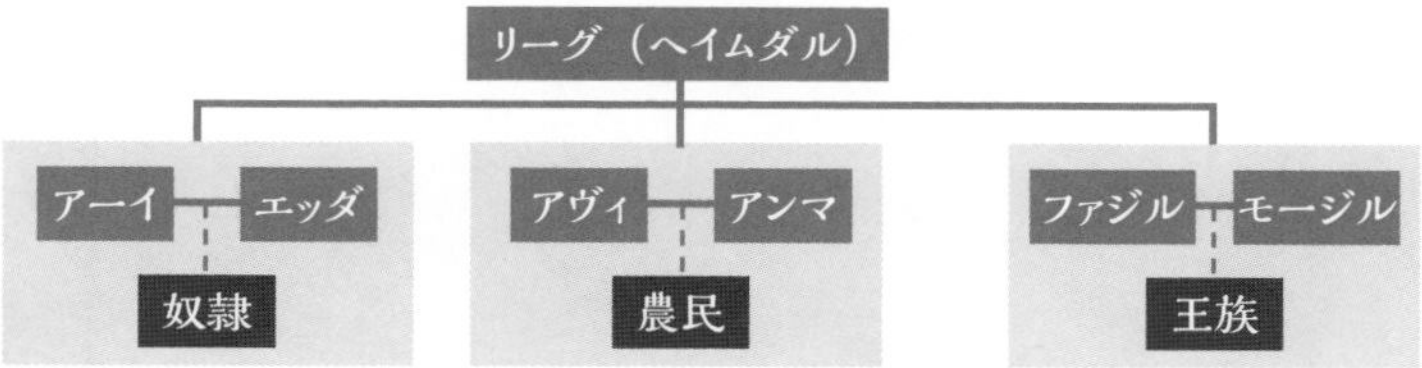
リーグ（ヘイムダル）
アーイ
エッダ
奴隷
アヴィ
アンマ
農民
ファジル
モージル
王族

北欧神話

ずる賢さNO.1の悪神ロキ

大騒動を巻き起こし、ラグナロクの火種にも

これまでにも何度もその名が登場した悪神ロキ。両親ともに巨人でありながらも、オーディンとは義兄弟となります。

性格はいたってずる賢く、嘘や偽《いつわ》りは得意技。常に相手を欺《あざむ》きながら、アース神族とは善と悪の両面で深くかかわっていきます。

本来は容姿端麗な男神のロキ。巨狼フェンリル、大蛇ヨルムンガンド、冥界の女王ヘルら多くの巨人族や怪物の父となります。

変身能力にもたけていて、両性具有でもありました。あるときは牝馬《ひんば》に変身し、牡馬《ばば》と交わって8本足の馬のスレイプニルとなりました。

またあるときは、女神イズンをだまして連れ出し、その隙《すき》にイズンが守るリンゴを鷲《わし》に化けた巨人に盗ませました。神族の若さの象徴・リンゴが巨人族に奪われ、激怒したオーディンは、リンゴの奪還をロキに命じます。

ロキは鷹《たか》の姿でヨツンヘイムに侵入してイズンとリンゴを取り返しますが、鷲のシャツィに猛追され、命からがらアースガルドに逃げ込みます。神たちは急いで火を焚《た》き、追いかけてきた鷲のシャツィを焼き殺しました。

このように、ことあるごとに大騒動を巻き起こす迷惑な存在ロキ。**最終戦争ラグナロクの開戦も、ロキの悪事が引き金となります。**

スレイプニル：ロキが牝馬に変身して生んだ８本足の馬。オーディンの愛馬となって世界中を駆け巡り、最高神としての威厳を保つための一翼を担った。

世界を「閉じる者」ロキ

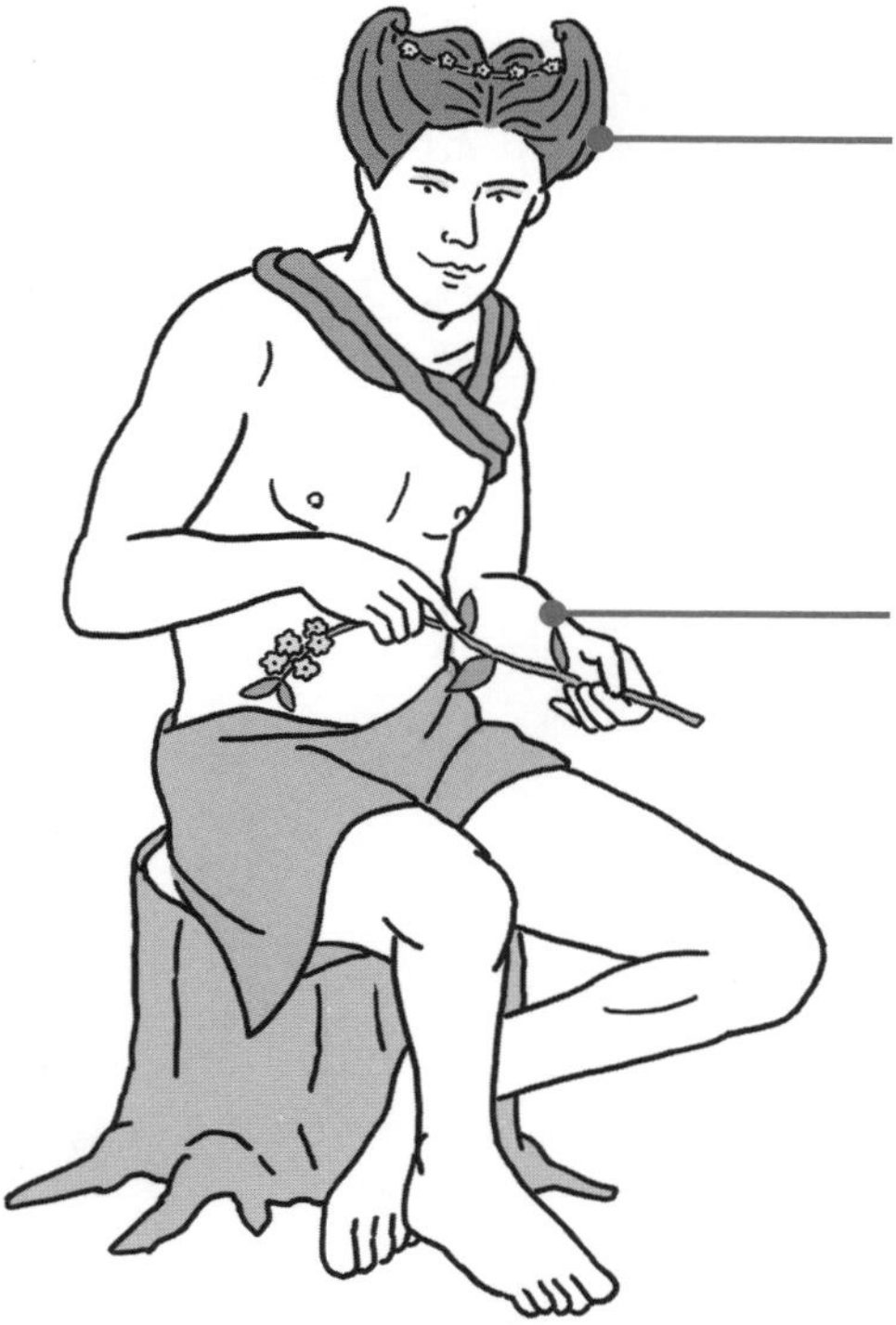

自由奔放でずる賢く、つねに周囲をはらはらさせるトリックスター。

オーディンの槍グングニルやトールの戦槌ミョルニルをつくらせたのはロキ。恩恵をもたらす一面もある。

両性具有の存在で、変幻自在の優れた変身能力を持つ。さまざまな怪物の子どもがいる。オーディンの愛馬もロキから生まれた。

ロキの悪行リスト

自己保身	●巨人に脅迫され、イズンとイズンが守るリンゴを盗ませた ●巨人に監禁され、トールをおびき出すことを約束 ●トールに脅され、シヴの髪の賠償の品を取りに行く
好奇心のいたずら	●シブの髪を丸刈りにする ●カワウソの姿をした人間族の子を殺す ●小人族とかけをして不正を働く
純然たる悪意	●バルドルを殺害 ●バルドルの復活を阻止 ●神々の酒宴で召使いを殺害し、神々を罵倒

北欧神話

悪神ロキが妬む光と善の神バルドル

バルドル殺害と神族の侮辱で毒蛇の拷問に

オーディンと妻フリッグの息子バルドルは**光と善の神と呼ばれ、誰からも愛されました。**

あるとき、バルドルの死の予言を聞いたフリッグは世界の万物にバルドルを傷つけないよう誓わせ、バルドルは不死身となります。しかし、これを妬《ねた》んだのが悪神ロキ。ロキは、世界にたったひとつ、ヤドリギだけはバルドルを傷つけることができると知ります。

そして、盲目のヘズに、ヤドリギを投げつけるように指図。**ヘズが投げたヤドリギはバルドルの身体を貫通し、命を落とします。**

母フリッグがバルドルを救い出そうと冥界の女王にかけ合うと、ヘルは「世界のすべてが泣くならよみがえらせる」と約束します。

しかし、万物が涙を流す中、女巨人セックだけが涙を拒み、**バルドルの救出は失敗。**実は、セックはロキが化けた偽物だったのです。

さらに、招かれもしない酒宴で神族を侮辱《ぶじょく》したため**オーディンの逆鱗にふれて幽閉されたロキ。**岩に縛りつけられた頭上から毒蛇の毒液がしたたるという拷問《ごうもん》にさらされます。

ロキの妻シギュンが器で毒液を受け止めるものの、器を満たした毒液を捨てにいく間は毒液がかかり、激痛にもだえるロキ。その震えは大地を揺るがすほどで、この凄惨《せいさん》な拷問はラグナロク開戦まで延々と続きました。

ヘズ：ロキにだまされて兄を殺したため、のちに、弟のヴァーリに復讐されてしまう。ラグナロクの後はバルドルとともに復活し和解する。

美男の神バルトルの悲運

バルドル

オーディンの息子で光と善の神として神々から愛されていた。

ほぼ不死の体に

母フリッグの願いで、バルドルは何ものにも傷つけられない体に。ただ唯一ヤドリギだけは例外だった。

死亡

冥界に入る

オーディンとフリッグの努力で、冥界に入ったバルドルを復活させるの希望が芽生えるも…。

殺害に成功

ヤドリギの秘密を知ったロキは、物を投げつける遊びの中でバルドルを殺すことに成功。

ロキ

母フリッグ

息子を助けて

復活を妨害

またしてもロキが悪知恵を働かせてバルドル復活を阻止。

バルドル復活失敗

バルドルの葬式が行なわれる（ちなみに、バルドルはラグナロクの後、世界の再生で復活する）。

最終戦争ラグナロク勃発の契機に

神からの聖剣を携えた英雄シグルズ

オーディンの剣に翻弄される滅亡の人生

神話の中には、北欧の人々に語り継がれる英雄がいます。ドイツ語名はジークフリート。物語の中ではシグルズと呼ばれます。

シグルズと最高神オーディンの関係は、シグルズの父シグムンドがオーディンから勝利の剣を授かったことからはじまります。

父シグムンドは、剣によって人生を翻弄されますが、息子であるシグルズもまた、**剣を手にしたことによって欲望や憎悪に巻き込まれ、魔力によって破滅へと向かいます。**

オーディンの末裔《まつえい》ヴォルスング家に生まれたシグルズは鍛冶屋レギンの養子になります。

レギンは、兄のファーヴニルが竜となって守り続ける黄金の秘宝を手に入れようと、シグルズに竜退治を持ちかけます。

シグルズは、父シグムンドから受け継いだオーディンの剣を手に、ファーヴニルが化けた竜を一刀両断。また、シグルズを欺《あざむ》いて秘宝を奪おうとしていたレギンも殺害します。

こうして**秘宝を手にしたシグルズですが、ここから悲劇がはじまります。**実は、黄金の秘宝には呪いがかけられていたのです。

ヴァルキリーの女性と恋をするシグルズですが、呪いによって女性を記憶することができず裏切ってしまいます。そして、破滅の道へと突き進んでいくことになるのです。

シグムンド：英雄ヴォルスングの10人の息子のうち長男で、もっとも美しく優れていたとされる英雄。毒も効かないほど体が丈夫だった。

オーディンの末裔たる英雄シグルズ

恐れを知らない勇士。動物の言葉を理解でき、ルーン文字の知識を持ち、医術の心得もあったという文武両道の青年。

亡き父の形見である「オーディンの勝利の剣」。この剣で竜を退治し黄金の秘宝を手に入れる。

竜の血を浴びて不死身となるが、葉がついて血のかからなかった背中の一部だけが弱点となり、死の原因となる。英雄さえも完璧な不死身ではないのが北欧神話だ。

有名なオペラに

シグルズの竜退治物語は数々の芸術作品を生んだ。英雄叙事詩『ニーベルンゲンの歌』や、ワーグナー作曲のオペラ『ニーベルンゲンの指環』などだ。『ニーベルンゲンの指環』は1874年にドイツで初演され、今も上演される人気作。

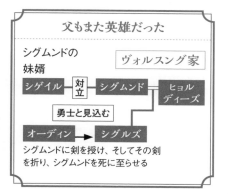

父もまた英雄だった

ヴォルスング家

シグムンドの妹婿

シゲイル ― 対立 ― シグムンド ＝ ヒョルディーズ

勇士と見込む

オーディン → シグルズ

シグムンドに剣を授け、そしてその剣を折り、シグムンドを死に至らせる

COLUMN

神と英雄が愛した最強の武器

～北欧神話～

数々の武勲を持つ北欧神話の神々や英雄にももちろん、彼らを象徴する武器が存在する。その一部を紹介しよう。

I 最高神オーディン

愛用の武器はグングニルという槍。的を外さず、相手を貫いた後は自動的に戻ってくるという。柄は聖なる木トネリコでつくられ、穂先には破壊力を増すルーン文字が刻まれている。

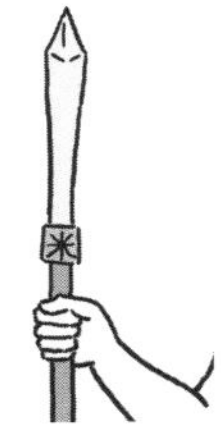

百発百中の
命中率！
魔槍《まそう》

II 雷神トール

北欧神話でも一番といってもよいほどの最強の武器、戦槌《せんつい》ミョルニル。一撃で敵を倒すだけではなく、浄化と復活のパワーを発揮する不思議なもの。鉄の籠手で握りしめて使う。

死と再生を司る
戦槌

III 英雄シグルズ

オーディンが自らの後継者を探すべく行なった力自慢で、見事オーディンの剣を手に入れたのがシグルズの父。シグルズはその剣を受け継いだ。石や鉄をもたやすく切り裂いたという。

「怒り」という
名の魔の剣
オーディンの剣
グラム

PART 3

幻想的な妖精になった ケルト神話の神々

古代ヨーロッパで活躍したケルト人（インド・ヨーロッパ語族の一分派）がいまに伝える神話、ケルト神話の神々と英雄を紹介する。自然崇拝にもとづいた多神教の世界観が特徴的で、おちゃめな妖精も数多く登場する。

ケルト神話 神々の系譜

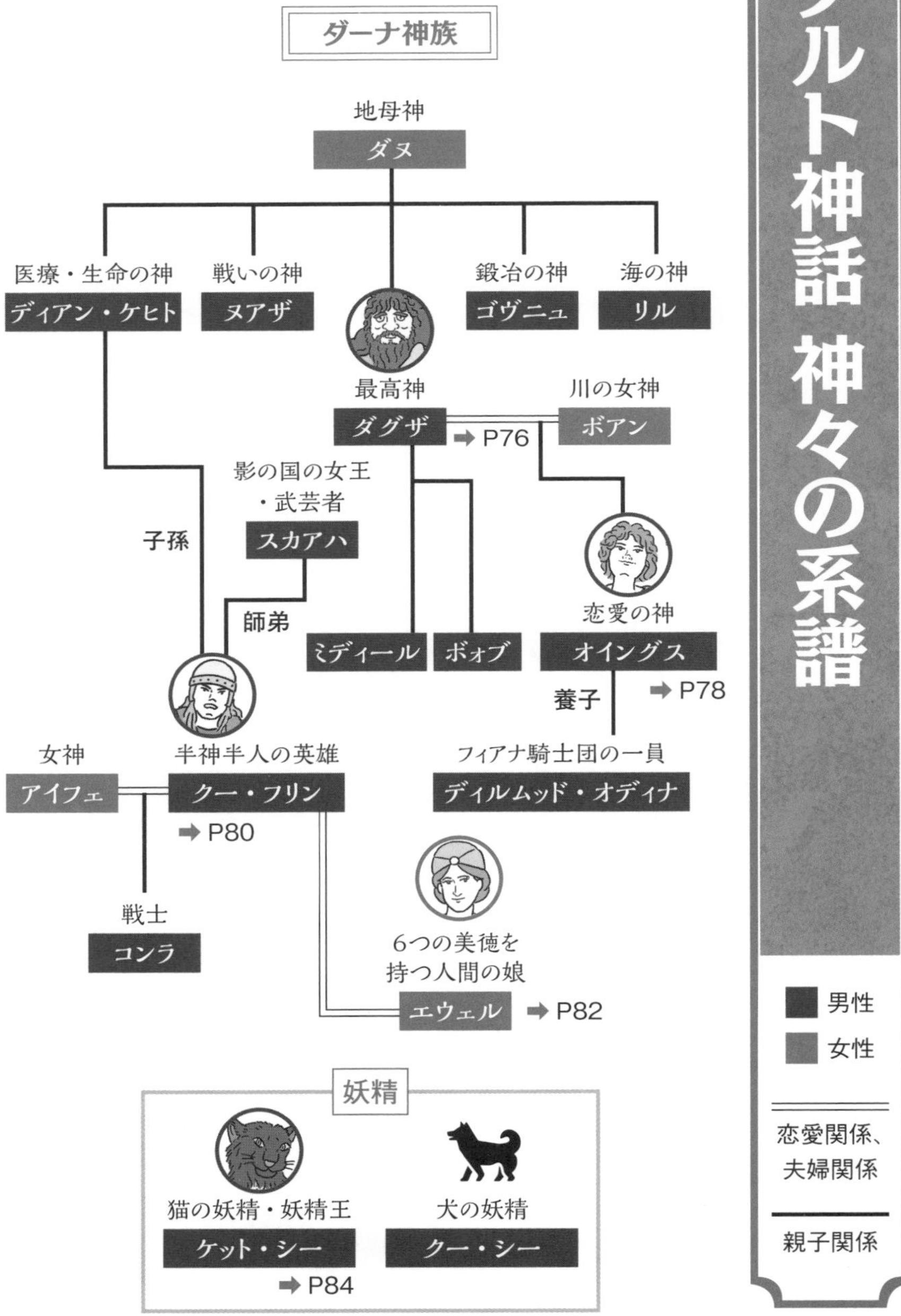

ダーナ神族
地母神
ダヌ
医療・生命の神
ディアン・ケヒト
戦いの神
ヌアザ
鍛冶の神
ゴヴニュ
海の神
リル
最高神
ダグザ
➡ P76
川の女神
ボアン
影の国の女王・武芸者
スカアハ
子孫
師弟
ミディール
ボォブ
恋愛の神
オイングス
➡ P78
養子
フィアナ騎士団の一員
ディルムッド・オディナ
女神
アイフェ
半神半人の英雄
クー・フリン
➡ P80
戦士
コンラ
6つの美徳を持つ人間の娘
エウェル
➡ P82
妖精
猫の妖精・妖精王
ケット・シー
➡ P84
犬の妖精
クー・シー
男性
女性
恋愛関係、夫婦関係
親子関係

アーサー王伝説

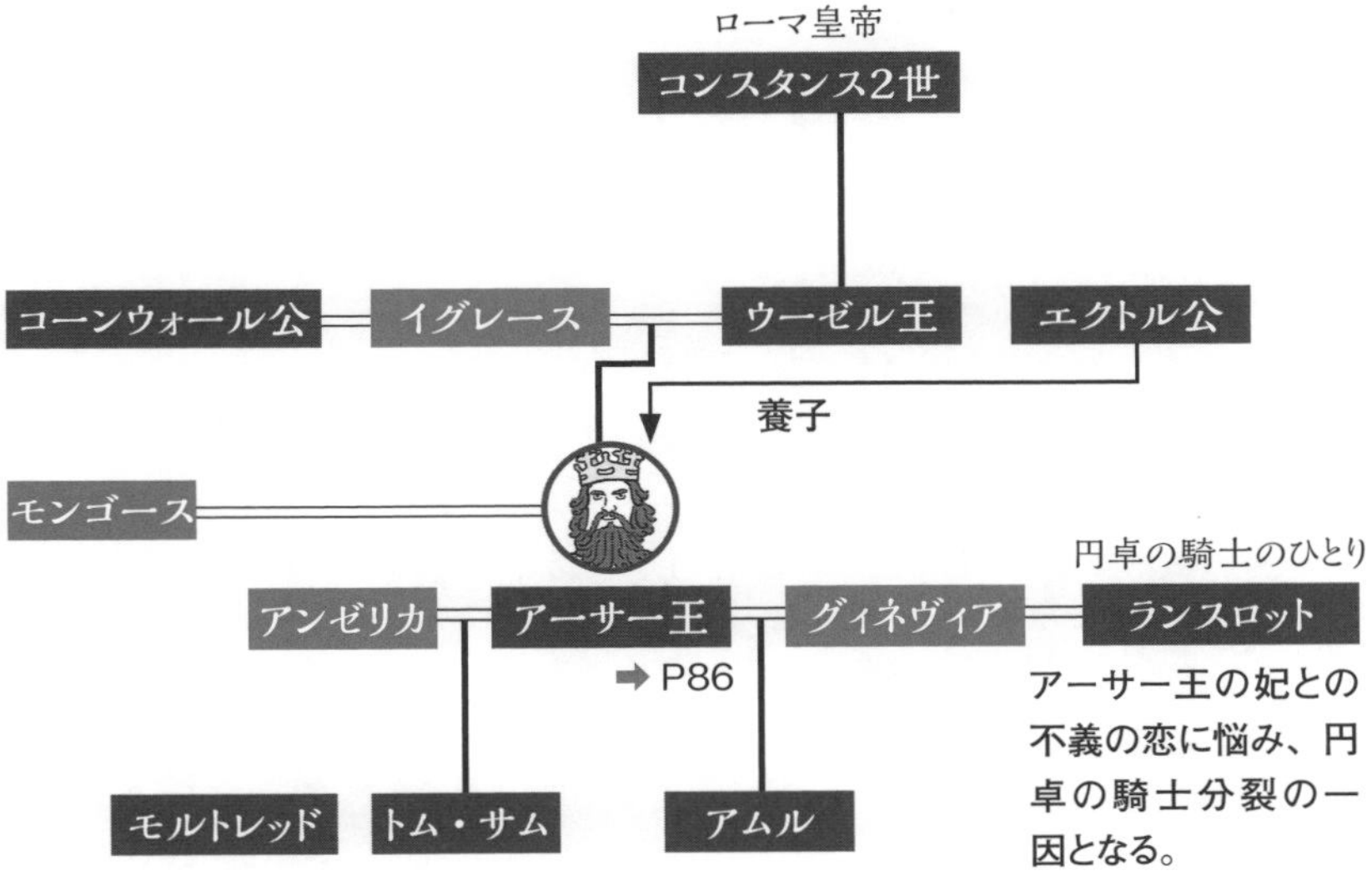
ローマ皇帝
コンスタンス2世
コーンウォール公
イグレース
ウーゼル王
エクトル公
養子
モンゴース
円卓の騎士のひとり
アンゼリカ
アーサー王
グィネヴィア
ランスロット
➡ P86
アーサー王の妃との不義の恋に悩み、円卓の騎士分裂の一因となる。
モルトレッド
トム・サム
アムル

アーサー王伝説〈円卓の騎士〉

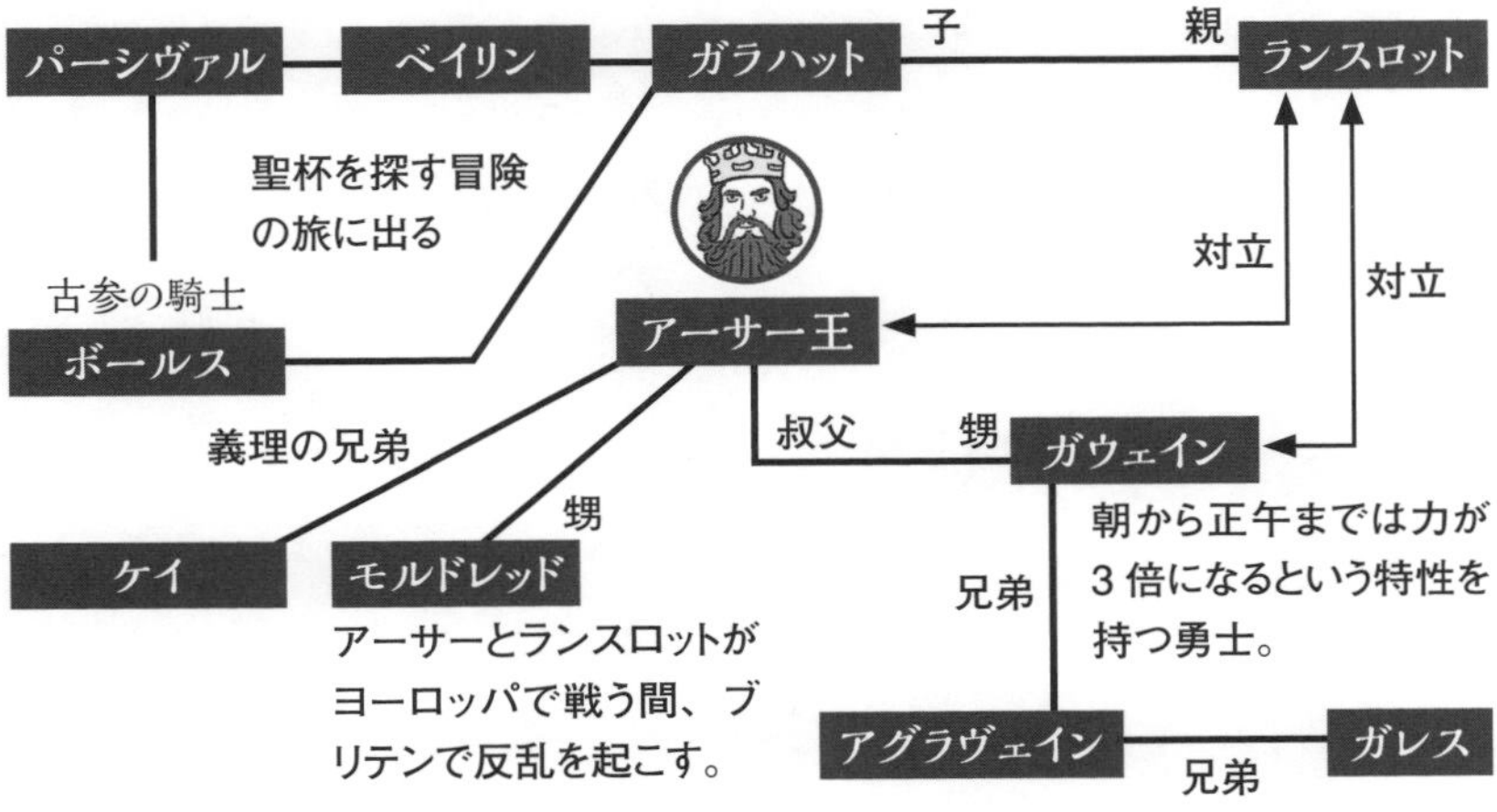
パーシヴァル
ベイリン
ガラハット
子
親
ランスロット
聖杯を探す冒険の旅に出る
古参の騎士
ボールス
対立
対立
アーサー王
義理の兄弟
叔父
甥
ガウェイン
甥
ケイ
モルドレッド
アーサーとランスロットがヨーロッパで戦う間、ブリテンで反乱を起こす。
朝から正午までは力が3倍になるという特性を持つ勇士。
兄弟
アグラヴェイン
ガレス
兄弟

自然への畏敬の念を込めた神々

アイルランド中心に伝わる神々と人間の攻防

ケルト人とは、紀元前3世紀頃に現在のイギリスからルーマニアまでの地域に暮らした民族です。**ケルト神話は、このエリアの中でもアイルランドを中心に伝わる神話をいいます。**

もともとは口承で伝えられ、10世紀以降にキリスト教修道士によって書き記されました。**来寇《らいこう》神話群、アルスター物語群、フィン物語群、歴史物語群の4つに大別されています。**

中心的な存在はダーナ神族と呼ばれる神々です。黒い雲とともにアイルランド北西部に上陸し、魔力、知力、技術力で支配しました。

この地に到着する前には、4つの秘宝（リア・ファル、ブリューナク、クラウ・ソラス、ダグザの大釜）を手に入れています。

その頃、アイルランドはフィル・ボルグ族が支配していましたが、ダーナ神族は、フィル・ボルグ族に迫害されていたフォモール族と組んでフィル・ボルグ族を倒します。

アイルランドを支配したダーナ神族でしたが、後からやってきた人間のミレー族（ケルト人の祖先）に敗れ、辺境の地へ送られます。

そして、ここで妖精となり、地上に現れては奇々怪々なエピソードを展開していきます。

ダーナ神族は実在したともいわれ、アイルランドに残る巨石遺跡はダーナ神族によってつくられたものが多いと考えられています。

ケルト：かつてローマ人は、ケルト人が住むエリアをガリアと呼んだ。詩人ルカヌスの『内乱記』にはガリアの神による凄惨《せいさん》な物語が残されている。

主に4つの物語群から構成される

①来寇神話群

北方より来寇したダーナ神族らの物語。魔法の力と豊富な知識、先進的な技術を持ちつつも、ミーレ族に敗れ異世界に。妖精となってときどき地上へ下りてくる。

②アルスター物語群

紀元1世紀前後、アイルランドの北部にあったアルスターという国（ウラドともいう）を舞台にした物語。赤枝騎士団、英雄クー・フリン（P80参照）などが登場する。

③フィン物語群

アイルランドを守る戦士集団フィアナ騎士団が活躍する物語。中でも騎士団団長の血を継ぐフィンは長らく民衆に愛されてきた英雄だ。

④歴史物語群

歴史上の人物を中心とした70編ほどの物語。円卓の騎士たちで有名なアーサー王伝説など。幻想的な物語には当時の社会・政治情勢が反映している。

神々と人間の戦い〜来寇神話群〜

ノアの子孫たちがアイルランドへ入植

▼

数々の種族が入植しては争う

▼

ダーナ神族（トゥアン・デ・ダナン）の入植（5番目の入植者）

▼

ミレー族（ミレシア）が入植し、戦いが繰り広げられる（ケルト系民族とされる）

▼

ミレー族の勝利。ダーナ神族は異世界へ

▼

神々の血を引く英雄らの物語が生まれる

大神ダグザはダーナ神族の大黒柱

魔法のアイテムを使いこなす愛すべきキャラ

ダーナ神族を率いるのは、大神ダグザです。**巨漢で大食漢、賢くてお人好し、武力は強いがユーモラスと、愛すべき神です。**

長いひげに獣の毛皮をまとい、ダーナ神族を守る頼れる神といった風貌《ふうぼう》で、ケルト人には**大地や農耕の神としても親しまれました。**

ダグザはさまざまな魔法のアイテムを使います。**そのひとつが棍棒《こんぼう》。**荷車にのせて移動させるほどの巨大な棍棒は、一振りすれば何人もの敵を骨まで粉砕し、反対側を振れば相手をよみがえらせることができます。

心を操る巨大な竪琴《たてごと》もダグザの武器です。一度はフォモール族に奪われますが、敵が酒を飲んでいる隙《すき》に奪還。ダグザが悲しみの弦、喜びの弦、眠りの弦を弾くと、敵は泣いて笑って、ついには眠り込んでしまいます。ダグザは竪琴とともに悠々と帰還しました。

また、**ダグザの大釜からは食べ物が無限に提供されました。**この大釜はダグザが支配する地下の世界とつながっていて、相手に合わせた食べ物が続々と運ばれてきたのです。

ダグザの好物は粥《かゆ》でした。それを知った敵は、ダグザの行動を制するために大量の粥をつくって地面に掘った穴に注ぎ込みました。ダグザは任務を忘れるほど夢中になって粥を食べたというエピソードも残されています。

ダーナ神族：ミレー族に負けたダーナ神族は冥界に落ち、ダグザはここを支配した。現存するアイルランドの北東部ニューグレンジ遺跡はダーナ神族の暮らした遺跡跡ではないかと考えられている。

ユーモラスで粗野で勇敢なダグザ

生死を操る巨大な棍棒はオークの木でできている。片方で打てば命を奪い、もう片方で打てばよみがえるという不思議な武器。

感情などを操る竪琴ダウル・ダ・バラオ。3本の弦で悲しみ、喜び、眠りを引き起こす。

大食漢で知られるダグザは、無限に食べ物が出てくる大釜を持っていることも。

高度な天文知識を持つダーナ神族

ダーナ神族は優れた知識を有していた。実際に多くの巨石遺跡がアイルランドには残されていて、そのひとつがニューグレンジ。1年でもっとも日が短い冬至の明け方だけに、太陽の光が長い通路をまっすぐ通り、部屋の床を短時間だけ照らすように建設されている。暦を作っていたことがわかる。

「太陽の家」を意味するニューグレンジ。5000年以上も前につくられた巨大古墳。

タラの丘に建つ立石、リア・ファル。王位継承がここで行なわれていたと推定される。

ケルト神話

不倫の末に太陽を止めるダグザ

息子オイングスは白鳥となって恋愛成就

頼りがいがあり、ユーモラスなダグザ。**多くの恋人がいて、何人もの子どもがいました。**

母であり、恋人のひとりだった川の女神ボアンにも夫がいましたが、ダグザの子どもオイングスを身ごもり、出産します。ボアンには夫がいましたが、

次の日に戻る予定のボアンの夫にこのことを隠すため、ダグザは太陽を静止させました。そして、9か月間という長きにわたって時間を止めることに成功したのです。

こうして誕生した息子オイングスは、恋愛の神として成長します。容姿端麗なオイングスは、4羽のきらめく小鳥を連れていました。この小鳥は、人の胸に飛び込むことで恋の炎を燃え上がらせることができました。

オイングス自身も、**駆け落ちする男女を助けたり、異母兄ミディールの恋愛成就に一役買ったりと、さまざまな活躍をします。**

しかし、自分の恋心のコントロールは苦手だったオイングス。夢の中に現れた女性カエル・イヴォルベスに心を奪われますが、夢の中の人ではどうすることもできません。

恋の病にとりつかれたオイングスは、ダグザたちに助けられてカエルを探し出します。

白鳥の姿になることもあったカエル。オイングスはカエルを思うあまり、自分も白鳥に姿を変えてともに暮らすようになりました。

ボアン：アイルランドのレンスター地方を流れているボイン川の女神とされる。川の名前ボインはボアンに由来する。恩恵、肥沃の象徴でもある。

ダグザは女好きで子だくさん

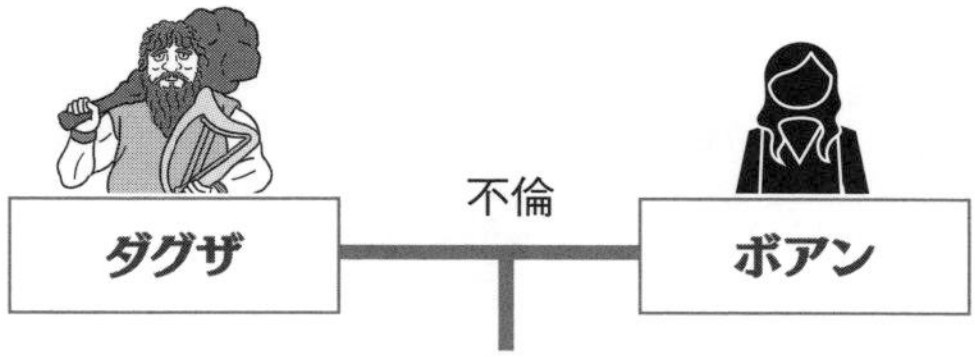
ダグザ
不倫
ボアン

ダグザの子①　オイングス

恋人の守護者・恋愛の神

ダグザとボイン川の女神ボアンとの不倫の末に生まれた。眉目秀麗な青年で、輝く4羽の小鳥と一緒にいる。

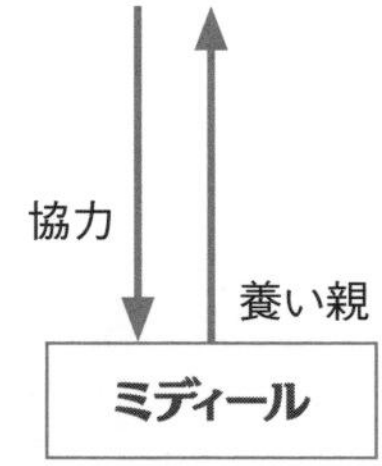
協力
養い親
ミディール

ダグザの子②　ミディール

地下の神

オイングスの異母兄。食料を無限に出してくれる大釜や3頭の魔法の牛などを有している。

●オイングスは…

異母兄や養い子の恋愛をサポート。4羽の小鳥は人の胸に飛び込むことで、恋心を燃え上がらせるという。

ダグザの子③　ボォブ

戦いの神

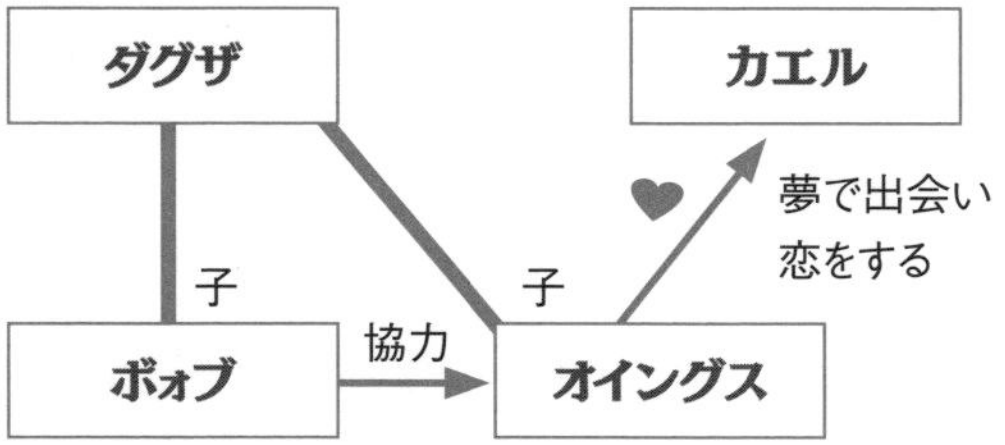
ダグザ
カエル
夢で出会い
恋をする
子
子
ボォブ
協力
オイングス

赤毛のボォブと呼ばれる神々の王。オイングスやフィンら神々や英雄に援助を行なう。

●オイングスは…

オイングスは恋人たちの守護者だが、自分の恋にはなすすべがなく、ボォブをはじめ、ダグザら大勢の協力を得て、意中の女性を探し出すことに成功する。

ケルト神話

クー・フリンは神話最強のヒーロー

容姿端麗な英雄も戦闘モードでは怪物に変身

クー・フリンは、**アルスター物語群のなかの最大のヒーローです。**父は光の神ルーグ、母はアルスター王の妹デヒティネで、**子どもの頃から驚異的な戦闘能力を持っていました。**

ある日、クー・フリンは鍛冶屋《かじ》クランの屋敷に赴きます。酒宴の中、クランの狂暴な番犬が放たれクー・フリンを襲いますが、クー・フリンは番犬を軽々と倒してしまいます。

番犬の死を嘆くクランを案じ、自分が番犬の代わりになると申し出たクー・フリン。以来、「クランの猛犬」という意味のクー・フリンと呼ばれるようになったのです。

容姿端麗なクー・フリンですが、**戦闘になると髪は逆立ち、口は裂け、頭から血が噴き出すという恐ろしい怪物の姿に変わります。**

最大の活躍は、敵国女王メイヴとの戦い。巨牛をめぐる戦争で一騎打ちとなりました。このとき、スカアハから授かった魔槍《まそう》ゲイ・ボルグが役立ちます。必ず命中し、先端が無数に裂け、毒が全身に回る最強の武器です。

クー・フリンは勝利しますが、メイヴの恨《うら》みはおさまりません。クー・フリンをワナにかけ、神との契約を破らせて戦闘力を奪います。瀕死《ひんし》となったクー・フリンは自らを石柱に縛りつけ、立ったまま、威厳を持ったままこの世を去ることを選び、絶命します。

スカアハ：クー・フリンが鍛錬を積んだ影の国の女王。クー・フリンを一流の戦士に育て上げ、魔槍ゲイ・ボルグを授けたとされる。後にクー・フリンの恋人となるアイフェのライバル。

神の血を引く若き英雄クー・フリン

ゲイ・ボルグという名の魔法の槍《やり》が武器。投げれば30の矢じりとなって降り注ぎ、突けば30のトゲが炸裂する。ほかにも剣、盾など数々の武器を持つ。
普段は美男子だが、いざ戦いとなると、髪は逆立ち、目は脳にめり込むなど怪物のごとき容貌となる。
恐ろしい声を発する兜《かぶと》、姿を消すことのできるマントなどを持っている。

ケルト神話にはほかにも英雄が目白押し

ケルト神話はクー・フリン以外にも勇ましい英雄の宝庫。なかでもケルト神話の4つの物語群のうち、「フィン物語群」の中心人物であるフィアナ騎士団団長フィン・マックールは人気だ。フィアナ騎士団はアイルランドを守る戦士集団で、フィン・マックールは20年来倒せなかった怪物を退治して団長となった。

フィン・マックール
金髪で白い肌、美しい顔立ちからフィン（金色の髪）と呼ばれる。高潔で多くの人に愛されたが、嫉《しっ》妬《と》心により恋敵の謀殺を図ったときから人望を失ってしまう。

クー・フリンの恋愛と友情

逃れられない運命に翻弄される悲劇のヒーロー

武力にたけ、容姿端麗でもあったクー・フリンは、**多くの女性の心をとらえました。妻となったのは賢くて貞淑かつ美しいエウェルでした。**若きクー・フリンは求婚しますが、名声も実力もないために断られます。

これをきっかけにクー・フリンは影の国で修行し、武力を得た末にふたりは結婚します。

影の国での修行中にも恋の炎を燃やします。女王スカアハと敵対するアイフェとは、戦いののちに愛し合い息子コンラをもうけます。

成長したコンラとクー・フリンは対戦を余儀なくされ、コンラは父によって命を落とします。コンラの指には、誕生時に父が授けた指輪がありました。息子の命を奪ったことにクー・フリンは激しく嘆きます。

友情にも厚かったクー・フリン。修行をともにした親友フェルディアとは、軍を分けて対戦することになり、意図せずに一騎打ちとなります。激しい攻防は数日にわたっても決着がつかず、昼は戦い、夜は互いをいたわり、ともに眠るという日々を過ごしました。

対戦の最終日、クー・フリンの魔槍ゲイ・ボルグがフェルディアの体を貫き、クー・フリンの腕の中で絶命します。自らも傷を負うクー・フリンでしたが、**フェルディアの亡骸《なきがら》を連れ帰り、手厚く葬《ほうむ》りました。**

影の国での恋：クー・フリンは影の国で女王スカアハの娘ウアサハとも恋仲に。ウアサハはあるとき、クー・フリンに指を折られた。彼女の婚約者が激怒してクー・フリンに戦いを挑むも絶命し、ウアサハとクー・フリンは恋に落ちる。

恋多きクー・フリンの家族と恋人

養父
スアルティウ・マク・ロイヒ
アルスターに帰還したデヒティネと結婚。養子のクー・フリンを援助する。

母
デヒティネ
行方不明中に光の神ルーグの子を身ごもる。これがのちのクー・フリン。

子
クー・フリン

妻
エウェル
金髪の美しい姿で、美声と弁舌、優れた針仕事の腕、聡明《そうめい》さ、貞淑さという6つの美徳を兼ね備えた女性。

家族に恵まれ暮らすも数々の恋人たちがいた！

恋人①
女王の娘ウアサハ
からかいで指を折られて嫌う
▼
怒った恋人をクー・フリンが反対に殺害
▼
恋仲に

恋人②
女王ブラートナド
別の人と結婚
▼
クー・フリンがその夫を殺害
▼
夫お抱えの詩人の道連れでブラートナドは命を落とす

恋人③
女王ファン
激しく愛し合う
▼
妻エウェルが激怒
▼
ファンは姿を消しクー・フリンはファンを忘れる薬を飲む

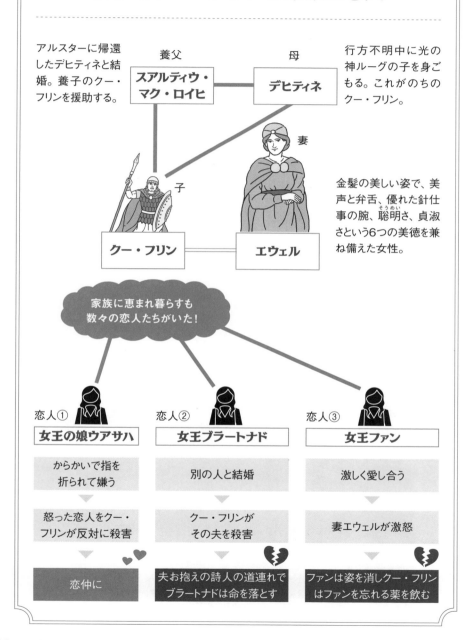

ケット・シーは黒猫の妖精王

人間の言葉を話し、人間界を観察する不思議な妖精

ケルト神話をはじめとするアイルランドの伝説には、多くの妖精が登場します。**中でも興味深いのが黒猫の妖精ケット・シーです。**

普通の猫と変わらぬ姿ですが、**頭がよくて人間の言葉を話し**、何食わぬ顔で人の暮らしにまぎれ込んでいます。

全身を黒い毛で覆われ、後ろ足2本で立ち上がると胸に白い斑点があり、これが妖精の印といわれます。

ケット・シーにはこんな逸話が残されています。ある晩、寺院で働く男性が墓を掘っていると、9匹の黒猫が棺《ひつぎ》を担いで葬儀をしているところに出くわします。

男性が見ていると、ある黒猫が「ティム・ティルドラムが死んだとトミー・ティルドラムに伝えてほしい」と語りました。

男性は驚き、うちに帰ってその様子を妻に話しました。すると、暖炉のそばで眠っていた飼い猫が目を覚まし、**「猫の王が死んだ?それなら自分が王になる」と人間の言葉で叫び、煙突を駆けのぼって外に出ていきました。**

それ以来、飼い猫が戻ってくることはありませんでした。その猫は黒猫。妖精ケット・シーであり、猫の世界の王子だったのです。

いまでもアイルランドでは、**街中に猫が集まるのは人間界の情報交換のためといわれます。**

妖精：クー・シーという犬の妖精も登場する。大きさは牛ほどもあり、人に襲いかかることもある。ケット・シーのように人間の言葉を話すことはないが、人の顔をしているともいわれる。

猫の妖精王ケット・シー

緑色の瞳をし、胸に白い斑点がある黒猫。胸の白い斑点が妖精の印。
知能が高く、楽観的で快楽主義者。
普通の猫の振りをして人間社会に潜んでいるが、人語をしゃべり２本足で歩く。

ケルト神話の不思議な動物たち

ケルト神話には、猫の妖精王ケット・シーのほかにも、数多くの不思議な動物が登場する。まず、犬の妖精ことクー・シーだ。妖精たちの番犬とされ、ときには人も襲うという。犬はケルト神話で重要な位置にあった。

クー・シー（犬の妖精）
全身濃い緑色の毛で、丸まった長い尾を持つ。牛ほどもある巨体。

英雄を支えた名馬
英雄クー・フリンの愛馬といえば、特別な戦車を引く軍馬マハ。「馬の中の王」と呼ばれた。

2頭の魔法の牡牛
もともとは妖精王の豚飼いたちで、お互いにさまざまな姿に変身して争った結果、牡牛になった。

野生の象徴としての猪《いのしし》
ケルト人にとって重要な食物で、凶暴で荒ぶる動物でもあった。

ケルト
神話

イギリスを統治したアーサー王

ケルト神話と騎士物語から生まれた英雄

ケルト神話に中世の騎士物語が融合されて語り継がれたといわれるアーサー王伝説。

舞台は5世紀後半のイギリス。コーンウォール領主の妻イグレースは、夫亡き後、夫に化けたウーゼル王との間に男の子を生みます。

これは魔術師マーリンのしわざで、イギリスを統治するウーゼル王の息子は敵対するサクソン人を制圧する英雄になると予言し、ウーゼル王とイグレースを結びつけたのでした。

男の子はアーサーと名づけられ、マーリンに預けられます。そして、自分の出自を知らぬまま、エクトル公のもとで成長します。やがて**15歳のとき、アーサーに王となる運命が訪れます。**

ある日、義兄ケイが槍試合に剣を忘れました。アーサーは、代わりとなる剣が教会裏庭の大理石に突き刺さっていたことを思い出します。大理石には「この剣を抜いたものが王となる」と書かれていました。

アーサーは、誰も抜くことができなかった剣をするりと引き抜きます。これを見たエクトル公は、**アーサーがウーゼル王の息子であり、王になる勇者であると告げます。**

以来、イギリス、アイルランド、ノルウェー、デンマーク、ガリアを支配。ローマ帝国をも征服すべく大活劇を演じていきます。

マーリン：魔術師。アーサー誕生のきっかけをつくり、危機から命を守り、武力の象徴となる魔剣エクスカリバーを与えるなど、アーサー王伝説の重要人物。

騎士道物語の原型たるアーサー王

好奇心旺盛《おうせい》な冒険好きの戦士であり、戦士のパトロンでもあった。理想の君主像として描かれる。

有名な魔法の剣エクスカリバーのほか、槍、盾、短剣、マントなどを持つ。

名前の由来は「熊のような人」。生まれたときに霊的な力を授かっていた。

魔術師マーリンの正体

アーサー王の誕生にかかわり、生まれたばかりのアーサーを預かったマーリン。その後もアーサーに助言をするなどして導いた人物だ。ケルト人の信仰の中心にいた祭司たちはドルイドと呼ばれたが、この魔術師マーリンはドルイドがもとになっていると思われる。ドルイドは主に森で儀式を行なっていた。

湖の乙女がアーサー王とマーリンにエクスカリバーのことを伝えるシーンを描いた版画。

ケルト神話

湖から現れたエクスカリバー

悪を斬り倒し、アーサー王の激闘を支える魔剣

敵軍のみならず怪物や魔物もなぎ倒し、勢力を拡大していくアーサー王伝説は、まさに冒険活劇。魔力が備わった無敵の武器もアーサー王に大きな力を与えます。

ある戦いで敵に斬られそうになった若きアーサー王は、危ないところで魔術師マーリンによって命を救われます。

不甲斐なさに落胆するアーサー王はマーリンとともに湖へ赴き、魔剣エクスカリバーを手に入れようとします。湖の乙女に懇願すると、水面から腕とともに魔剣が現れ、アーサー王に授けられました。

エクスカリバーは、**正しい者の前では鞘《さや》から抜けず、悪心を持った者には鞘からするりと抜けて斬りつけるという魔剣です。**アーサー王の活躍には欠かせない武器となりました。

晩年のアーサーは、甥《おい》モルドレッドの反乱によって深い傷を負います。死期を悟り、エクスカリバーを返そうと湖へ向うアーサー王。家臣が水面に剣を投げ入れると、湖から腕が現れ、剣を掴《つか》んで沈んでいきました。

瀕死のアーサー王は舟に乗せられ、魔法の国アヴァロンにたどり着きます。ここにいたのは、憎しみあった姉の魔女モーガンでした。二人は和解し、アーサー王は永眠。そして、**いつか再起する含みをもって物語は終結します。**

モルドレッド：アーサー王の甥。敵軍サクソン人と密約してアーサー王を裏切り、死闘の末にアーサー王にとどめをさす。モルドレッドもアーサー王の槍に突かれて絶命する。

アーサー王を支える円卓の騎士

アーサー王に忠義を誓った騎士は、王も含め全員が対等であることを示す円卓を囲んだ（座席の数には諸説ある）。現在、国際会議が円卓で行なわれるのは、この平等の精神にもとづいている。

円卓の騎士エピソード①

双剣の騎士・非道な騎士

円卓の騎士結成前からアーサー王に仕えたベイリン。ベイリンは円卓の騎士が引き抜けなかった剣を引き抜いたことから、破滅の道を歩むことになる。

円卓の騎士エピソード②

円卓の騎士のリーダー

アーサー王の甥であり、アーサー王の右腕として活躍したのがガウェイン。朝から正午までは力が3倍になるという特性を持つ忠義の騎士。

円卓の騎士エピソード③

妖精に育てられた騎士

中でも有名な騎士がランスロット。アーサー王をもしのぐと言われた人物で人望も厚かったが、アーサー王の妃への恋に思い悩む。これが発端となり、後にアーサー王と対立。王国分裂の一因となってしまう。

円卓の騎士エピソード④

「悲しみの子」という名の騎士

中世ヨーロッパの散文『トリスタンとイゾルデ』で有名なトリスタン。ランスロットに並ぶほどの騎士で数多くの武勲を残したが、実ることのない悲恋で身を滅ぼしてしまったというエピソードがある。

ケルト神話

時勢を反映し続けるアーサー王伝説

国家君主の理想像から生まれた名キャラクター

実在しなかったアーサー王ですが、6世紀頃にブリテン軍を率いてサクソン人と戦った指揮官がモデルとも考えられています。

そして、**何世紀もの間に王としての理想像が重ねられていき、いくつものアーサー王伝説が生まれました。**

アーサー王の人柄は、好奇心が旺盛《おうせい》で冒険好き。自分に仕える戦士たちを養い、いたわり、騎士として育てる大きな心の持ち主です。

人間界のみならず異界を行き来し、魑魅魍魎《ちみもう》《りょう》をなぎ倒すなど、超人的な能力も発揮。

聖剣エクスカリバーをはじめ、短剣、槍、盾などを手にした神話最大の英雄です。

10世紀以降の書物では、ケルト神話の影響が色濃く反映されています。魔剣エクスカリバーは、ダーナ神族の魔法の剣をなぞらえたものではないかといわれています。

12世紀には中世の騎士物語が加味され、国家君主の理想像が描かれるようになりました。

父ウーゼル王、妻グィネヴィア、アーサーを死に追いやる甥モルドレッドなどもこの頃に登場し、複雑な人間関係が展開されます。

モルドレッドとの死闘の末に魔法の島アヴァロンに送られる結末にも諸説あり、12世紀にはグラトンベリーの修道院でアーサー王の墓が発見されたともいわれています。

グィネヴィア：アーサー王の妻。アーサー王の心が自分から離れるのを悟り、　円卓の騎士ランスロットと道ならぬ恋に落ちる。この恋はアーサー軍の内乱を招き、国は滅亡する。

アーサー王などケルト神話の舞台

ケルト神話の舞台はアイルランドを中心にイングランド、ウェールズなど。
いまも荒々しい自然の残る地で、各地には神話ゆかりの遺跡が点在する。

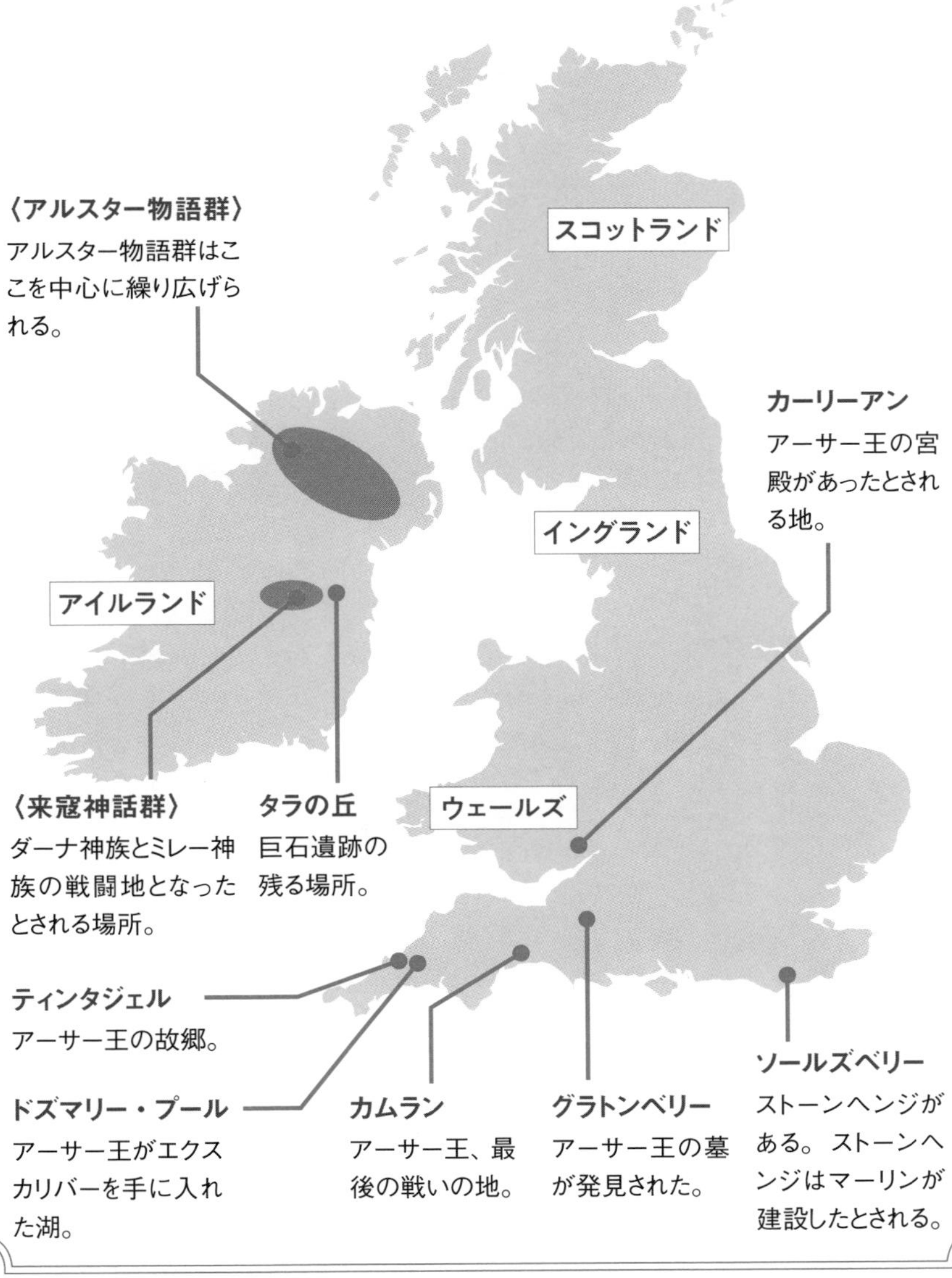
〈アルスター物語群〉
アルスター物語群はここを中心に繰り広げられる。
スコットランド
カーリーアン
アーサー王の宮殿があったとされる地。
イングランド
アイルランド
〈来寇神話群〉
ダーナ神族とミレー神族の戦闘地となったとされる場所。
タラの丘
巨石遺跡の残る場所。
ウェールズ
ティンタジェル
アーサー王の故郷。
ドズマリー・プール
アーサー王がエクスカリバーを手に入れた湖。
カムラン
アーサー王、最後の戦いの地。
グラトンベリー
アーサー王の墓が発見された。
ソールズベリー
ストーンヘンジがある。ストーンヘンジはマーリンが建設したとされる。

COLUMN

神と英雄が愛した最強の武器

～ケルト神話～

実にさまざまな神と英雄が躍動するケルト神話にも、バラエティー豊富な武器が登場する。最後に、ケルト神話の最強の武器を紹介しよう。

Ⅰ 最高神ダグザ

破壊と再生、生と死を司《つかさど》る 棍棒

あまりにも巨大で重いため、専用の車輪を使って運んだという棍棒《こんぼう》。ひと振りで9人もの敵を倒す一方で、反対側を振ると人をよみがえらせるという不思議な武器だ。

Ⅱ 英雄クー・フリン

神々も恐れる破壊力 魔槍 ゲイ・ボルグ

「破裂する槍」「雷の投擲《とうてき》」「蛇腹《じゃばら》状の投槍」といった異名を持つ槍。穂先は海獣の骨からつくられていて、投げると30のやじりとなり、突くと30のトゲとなり相手を破裂させる。

Ⅲ 英雄アーサー王

あらゆるものを一刀両断 聖剣エクスカリバー

アーサー王の武器といえば、聖剣エクスカリバー。魔法の力が宿り、決して刃こぼれすることなく、まばゆい輝きを放つという。湖の乙女から与えられたものと言われている。

PART 4

エジプト神話・インド神話・メソアメリカ神話の神々

世界各地には、まだまだ魅力的な神話の神々が存在する。その中から古代エジプトで生まれたエジプト神話、古代インド人の紡いだインド神話、古代メソアメリカのアステカ文明・マヤ文明の神々を紹介しよう。

4つあるエジプトの創世神話

4つの地域を中心に、たくさんの神々が交錯

エジプト神話の特徴は、定まったひとつの創世記がないことです。これには、エジプトとしてくくられる地域の範囲が広かったこと、群雄割拠で支配者が次々と変わったことなど、いくつかの原因が考えられます。

支配者たちが民の忠誠を得るために、自分たちの都合のよい形に創世記や神の成り立ちを語り継いだという事情も関係しています。

敗北した側が崇拝する神を排除するのではなく、**勝者の神の世界に取り入れてきたため、複合神が生まれ、神話がより複雑になり、伝わってきました。**

創世神話もヘリオポリス神話、ヘルモポリス神話、メンフィス神話、テーベ神話と主に4つ存在し、主神も違います。ただ、**何もない「ヌン」という混沌から世界がはじまったという点は共通です。**

ヘリオポリス創世神話では、太陽神が自らの意志でヌンから生まれて原初の丘を創造。そこに大気の神と湿気の神が生み出されて結婚し、子孫の神々が生まれました。

ヘルモポリス神話でヌンから生まれる神は、4体のオスの蛙《カエル》と4体のメスの蛇《ヘビ》です。

こうしてさまざまな世界のはじまりが語り継がれますが、やがて**太陽神アモン・ラーが絶対の神になっていきます。**

4神話の主神：ヘリオポリス神話では太陽神アトゥム。ヘルモポリス神話では知恵の神トト。メンフィス神話では創造神プタハ。テーベ神話では戦の神モントゥか太陽神アモン。

エジプトに伝わる4つの創世神話

	中心地	主神	内容
ヘリオポリス神話	現カイロ付近	太陽神アトゥム	混沌の海ヌンから生まれた創造神アトゥムを中心に世界が創られていく。
ヘルモポリス神話	現エル＝アシュムネイン	知恵の神トト	ヌンから8神が誕生。その８神の見張り役がトト。
メンフィス神話	現ミトラヒナ	創造神プタハ	太陽神とは別の神プタハを信仰し、この神により世界のすべてを創造した。
テーベ神話	現ルクソール	戦いの神アモン、太陽神アメン	アモンが別の太陽神ラーと結合しアモン・ラーとなり、すべての創造神を取り入れ最高神になる。

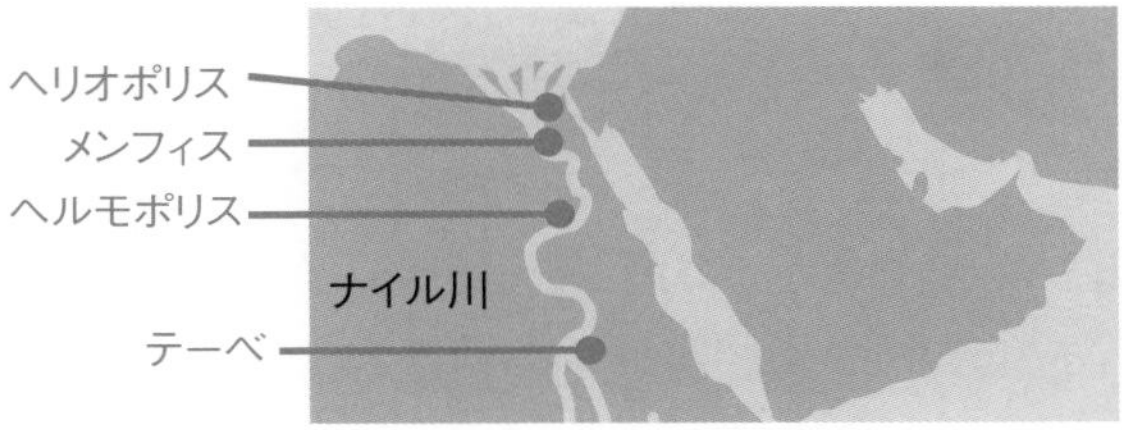

ヘリオポリス
メンフィス
ヘルモポリス
ナイル川
テーベ

世界を支え合う神々（ヘリオポリス神話）

シュー
創造神アトゥムから生まれた大気の神。ヌトとゲブの父でもあり、この2柱の神を引き離し、生命の生きられる空間を創出。
ヌト
天空の女神。この女神の体は天空で、昼間は太陽の通り道、夜は星が輝く。ゲブがヌトの手を離さないため、手足が伸びてしまった。
ゲブ
シューと湿気の女神テフヌトの間に生まれた大地の神。妹のヌトと結婚するも、離れようとしないのでシューによって引き離された。

万能の力を手に入れた神アモン・ラー

政治と歴史にもまれて融合されていった絶対の太陽神

4つの神話に多くの神の存在を信じた古代エジプトの人々。その中でもアモン・ラーは別格の存在です。

神話の根底となるエジプトの考え方は、**太陽への崇拝と、人間を構成する5つの要素からなります。**心臓を守るためにミイラがつくられ、死者は命であるカーと個性であるバーが一体化したアクになることで、永遠に楽園「イアルの野」で暮らすことができました。

そして、**太陽を運ぶ神ラーが、日の出とともにこの世に生まれ、日没には死んで、冥界を旅します。**この船旅が終われば魂は再生し、再び生まれ出て朝が訪れます。

この世界観と死生観のもとに、数々の神話と神々の中から台頭したアモン・ラーが、絶大な力を持つ最高神となっていきます。

アモン・ラーは王であるファラオの権威を表すものともなりました。歴代ファラオは太陽王としてラーの息子を名乗り、自身の名前の中にアモンを取り入れていました。

アモン・ラー信仰が強すぎることを懸念したファラオ、アメンホテプ4世は、アトン神を最高神と定める宗教改革を行ないます。

しかし民衆はアモン・ラー信仰を捨てず、アトン神信仰は一代限りで終わりました。

ファラオ：古代エジプトの王を指す称号のこと。もともとは「大いなる家」、つまり王の宮殿を意味した。神々と人間を結ぶ存在として崇《あが》められた。

絶大な崇拝を集めるアモン・ラー

主に2枚の羽でできた冠を頭に頂く人の姿で描かれる。左手に持つアンクという十字のものは清明、生命力の象徴。

ヒツジの頭、もしくはヒツジそのものの姿で描かれることもある。また、誕生を象徴するガチョウとも結びついている。

もとはテーベの守護神で豊穣の神だったアモンに、太陽神ラーなどさまざまな神様が結合した。アモンは「隠すもの」「不可視」という意味。

謎《なぞ》多き神から最高神へ

テーベの守護神・大気の神

一地方神だった

▼

大気の神シューと習合

神々の「バー」を司《つかさど》る神へ

▼

生殖の神ミンと習合

ガチョウの象徴も取り込む

→

ヘリオポリス神話の創造神アトゥムと習合

太陽神ラーも習合

▼

テーベ3神として崇拝される

妻、息子そろって3大神に

▼

創造神にして太陽神へ昇格

エジプト神話

新旧の神々がまとまり強大化

古代からの信仰の源と新たな神が一体化することで力を増す

約1700年ともいわれる長期におよんで、絶対神であり続けたアモン・ラー。その強固で幅広い信仰は、アモン神とラー神の習合体だったからとも考えられます。

ラーはもともとエジプトで絶対視されていた太陽を司る不死の神。アモン神は4つの神話中、最新であるテーベ神話の中で確立された神です。

ただし、アモン神の起源は、ヘルモポリス神話の原初の八柱神（アグドアド）の中のアメン（アモン）にあります。

アメンは見えざる存在としての性質を持ち、そのために自由自在に姿や意味合いを変えてきた神でもありました。

生命の神、生殖の神などと結びついて力を増しながら、ヘリオポリス神話の創造神アトゥムと融合します。

アトゥムはすでに太陽神ラーと習合していたため、アメンはアモン・ラーとなり創造神と太陽神が習合した神としても力を持つこととなったのです。

平民出身のファラオ、アメンエムハト1世が、自らの権威づけのために新たな主神としてアモン・ラーを定めるなど、政治的な背景もともない、**エジプトの神々の最高峰として人々の崇拝の対象となりました。**

アトゥム：原初の混沌「ヌン」から生まれた、ヘリオポリス神話の創造神。大気の神シューと湿気の女神テフヌトを独力で生んだ、両性具有の神とされる。

エジプト全域で信仰を集める太陽神ラー

天空の船に乗って太陽を運ぶことが仕事で、日の出とともに生まれ、日没とともに死ぬ。死と再生の船旅を続けている。
ハヤブサの頭に太陽を象徴する円盤を頂く。ハヤブサは天空を象徴する神聖な動物。

権威と結びつく神

王座に就いた王たちは自らがファラオであることを正当化するために、「ラーの息子」を自称し、強大な影響力にあやかった。ラーはヘリオポリス神話ではアトゥムと結合し、創造神として崇《あが》められるようになる。かのアレクサンドロス大王もまた、アメン神の息子を名乗った。

エジプトと太陽崇拝

作物の実りにかかわり生命をはぐくむ一方で、干ばつなどで恐怖をも与える太陽は、エジプトだけではなく、世界各地で畏《おそ》れられた。そのため、各地の神話では太陽神の力はとても強大だ。時代・地域を超えて崇拝されたのも無理はない。

エジプト神話

理想の王であり冥界の王オシリス

生と死を巡る世界観を決定づけた特別な存在

オシリスはヘリオポリス創生神話を起源とする神です。ヌン（混沌）から生まれたアトゥムが大気の神シューと湿気の女神テフヌトを生み出し、この兄妹が結婚。

さらにシューとテフヌトの間に生まれた大地の神ゲブと天空の女神ヌトの兄妹の間に生まれた4人の子どもの長男がオシリスです。

ゲブとヌトは、あまりに仲睦《むつ》まじくつねに一心同体だったため、父シューがそれを見かねて引き離したといいます（P95参照）。

そのときすでにヌトは妊娠しており、父同様、夫婦に激怒していた祖父アトゥムの目を盗んで出産。そのとき助けてくれたのが、知恵の神トトでした。

生まれたオシリス、イシス、セト、ネフティスの4人は、それぞれ兄と妹で結婚。この4兄妹は、さまざまに形を変えたエジプト神話の中で重要な役割を持ち続けます。

オシリスは農耕の神でもあり、知的で温厚な性格でした。人々に農業と法の知恵を授け、好戦的だったエジプトの人々に、穏やかな暮らしをもたらしたといわれています。

オシリスは人だけでなく、**他の神からの崇拝も集める神として君臨しました。**弟である砂漠の神セトは、兄の人気に嫉妬《しっと》します。それがオシリス神話の発端でした。

トト：もともとは月の満ち欠けを記録する神。文字や数字を発明し、知恵の神となった。トキ、もしくはヒヒの姿で表現されることが多い。

復活して冥界の王となったオシリス

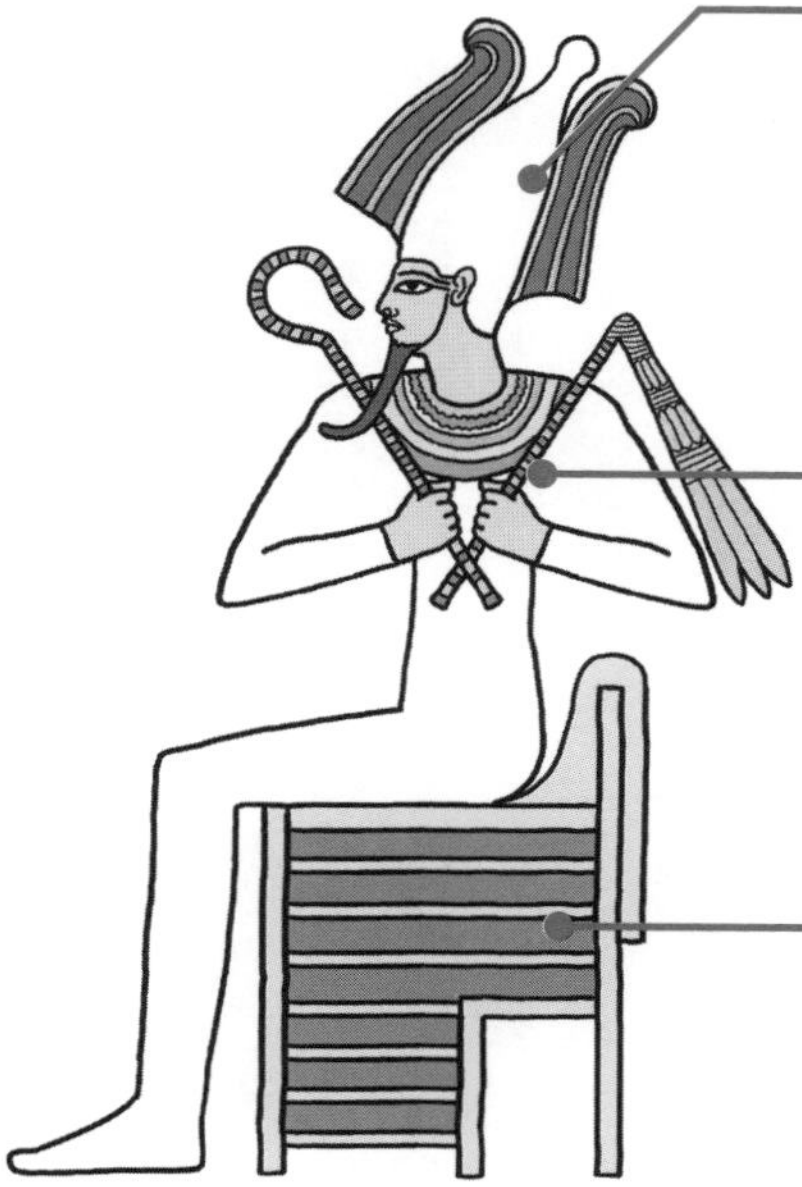
両側に1枚ずつ大きな羽をほどこした白い冠を頭に頂いている。これは上エジプト王の象徴。
王権の象徴である杖と竿《さお》を手に持つ。また、ミイラ姿の白い包帯で巻かれている。
死者の審判では、心臓の計量を終えた死者は玉座に腰かけたオシリス神と向かい合う。

エジプト神話　神々の系譜

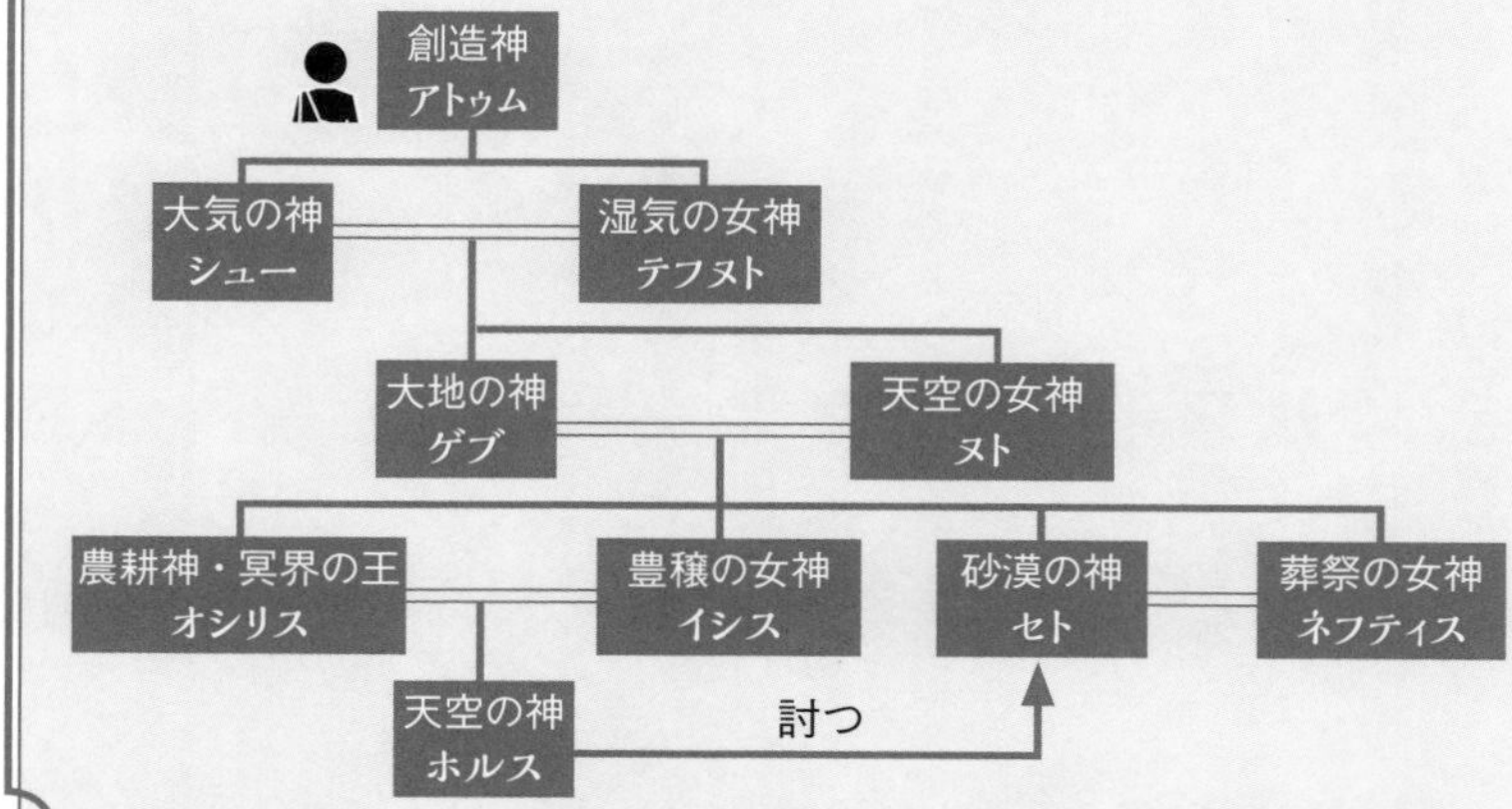
創造神
アトゥム
大気の神
シュー
湿気の女神
テフヌト
大地の神
ゲブ
天空の女神
ヌト
農耕神・冥界の王
オシリス
豊穣の女神
イシス
砂漠の神
セト
葬祭の女神
ネフティス
天空の神
ホルス
討つ

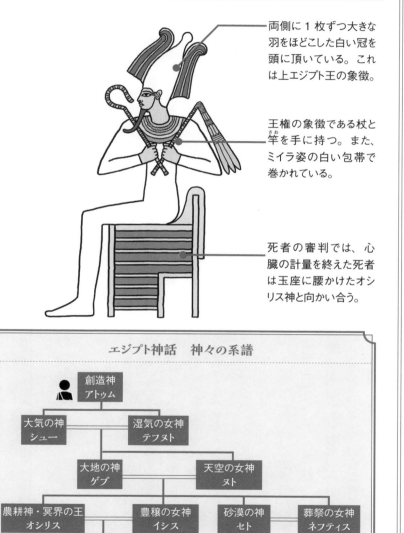

死と再生を描くオシリス信仰

嫉妬からバラバラにされたことで豊穣と再生の象徴に

尊敬できる神として崇拝を集めたオシリスと対照的に、**弟である砂漠の神セトは、争い事を好む粗暴な神でした。**

争いをなくそうとするオシリスの考えや、オシリスの人気ぶりが気に食わないセトは、嫉妬と恨みを募らせ、オシリスを棺《ひつぎ》に閉じ込めてナイル川に流してしまいます。

オシリスの妻、妹であり豊穣の神であるイシスは、夫の死を知り、夫を復活させるために旅立ちます。

はるかビブロス（現・レバノン）で夫の棺を見つけたイシスは、棺をエジプトに持ち帰り、夫を復活させようと手を尽くします。

阻止しようとするセトは、イシスが隠しておいたオシリスの棺を見つけだし、遺体をバラバラにしてエジプト中にばらまきました。

イシスはまたしてもそれを集めて回り、妹でありセトの妻であるネフティスや、死者の神アヌビスの助けを借りて夫の復活を果たしたのです。

バラバラにされたオシリスの遺体は、イシスに回収された後も、**まかれた土地に作物を芽吹かせ、豊穣をもたらしたとされています。**

妻の献身愛で復活したオシリスですが、地上の神としては復帰せずに、**自ら冥界の神となることを選びました。**

ネフティス：大地の神ゲブを父に、天空の女神ヌトを母に持つ、葬祭の女神。オシリスやイシスの妹でもある。オシリス復活に協力したことから死者の守護神となった。

オシリス神話とエジプトの死生観

セト

オシリス神の弟で、砂漠、破壊、暴風の神。オシリスを深く憎んだ。頭の動物は正体不明。

対立

棺に入れナイル川に流し殺害

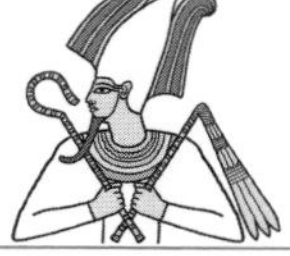

オシリス

はじめは穀物を司《つかさど》る豊穣神として、理想の善王として崇拝された。

遺体を探しに行く

イシス

オシリスの妹であり妻でもある。

オシリスをバラバラに

イシスが見つけて隠したオシリスの遺体をバラバラにしてばらまく。

オシリス復活

アヌビスの協力を得てバラバラ遺体を集め、ミイラとしてオシリスを蘇生させる。

アヌビス

息子ホルス即位

イシスとの間に息子ホルスをもうけ、オシリスは冥界へ旅立つ。イシスは隠れてホルスを育て、ホルスはセトと戦い王となる。

ホルス

再生の象徴
冥界の王としてのオシリスに

イシスの献身により復活したが、オシリスは地上に戻らず、冥界に下って冥界の王となる。オシリスは最初のミイラとなったことから、白い包帯姿で描かれる。

復活を望む死者の守護神アヌビス

山犬の頭を持ち、ミイラづくりを助けることで死者を守る

アヌビスは**墓地の神、ミイラづくりの神であり、死者の守り神です。**死者の復活が重要であるエジプトにおいて、アヌビス神は大切にされるべき存在でした。

山犬の頭を持つ、または山犬そのものの姿とされるのは、**もともと墓地に住みついた山犬が、墓地を守っているように見えたことに由来するといわれます。**

アヌビスの出生については諸説ありますが、主要なものは、オシリスと葬祭の女神ネフティスの子であるという説が有力です。

ネフティスはオシリスの妹であり、セトの妻。つまりアヌビスは次男の妻が長男と不倫をして生まれた不義の子であるということです。セトにバラバラにされたオシリスをつなぎ合わせてミイラにしたことを皮切りに、冥界ではオシリスを助け、大きな役目を果たしています。

死者を冥界に導き、オシリスの裁きの間では、**死者の魂と法の女神の羽を天秤《てんびん》にかけるのもアヌビスです。**

重さが釣り合えば、死者は永遠のときを得てイアルの野という楽園で暮らせます。一方、釣り合わない場合は罪人であるということで、幻獣アメミトに魂を食べられて、二度と復活は果たせません。

アメミト：永遠の不滅を意味する幻獣。ワニの頭にライオンの上半身、カバの下半身を持ち、冥界の裁きで罪人の認定を受けた魂を食べる。

死者を守り導く神アヌビス

黒い山犬（ジャッカル）の頭をした神。墓に住みついた山犬が墓を守っているように見えたことが由来という。

ミイラづくりが仕事。死者を冥界に導く、心臓の計量に立ち会うこともある。

死後再生して永遠の生命を得るためのミイラ。ミイラづくりの職人は、ミイラづくりの神アヌビスの仮面をかぶり作業した。

人は5つの要素から構成

古代エジプト人は、人間は「バー」「カー」「イブ（心臓）」「レン（名前）」「シュト（影）」の5つから構成されていると考えた。これらは生きていくうえで欠かせず、さらには、死後の世界でも不可欠とされた。バーは人間の個性や性格を特徴づける精神的な部分で、人の頭を持つ鳥の姿で表される。カーは生命力そのもの、魂といった要素。バーとカーの結合したものが「アク」で、アクとなることで永遠の命を手に入れ、死後も楽園で暮らすことができる。

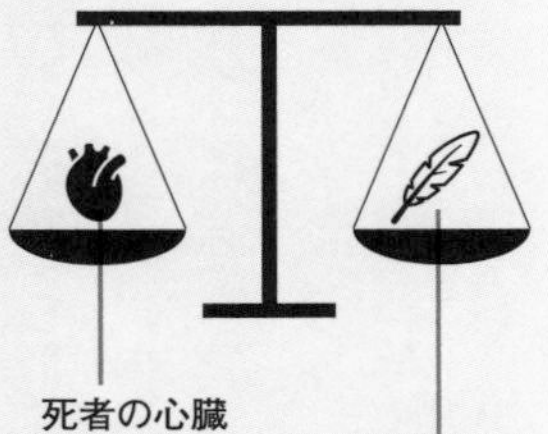

死者の心臓

真実の女神マアトの羽（死者の心臓と重さを比べる）

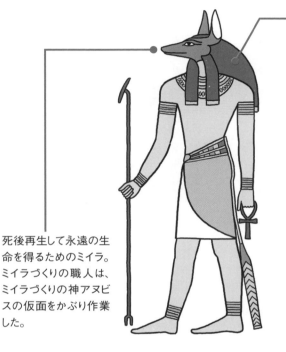

苦難の母子、イシスとホルス

偉大な女神である母の助けを借り覇権を勝ち取った息子

オシリスの妻イシスは、理想の妻であり母であるとされています。弟の策略でナイル川に流された夫オシリスの棺《ひつぎ》を取り戻すために、流れついた先で乳母として数年間働いたこともありました。

不義の子として生まれてすぐに捨てられたアヌビスを、拾って育てたのもイシスです。このため**豊穣の女神であるとともに、慈愛と母性の象徴でもありました。**

そんなイシスが、バラバラになった夫オシリスを再生させ、その間に生まれた息子がホルスです。

遺体の再生時、男性器だけはナイル川の魚に食べられてしまったため、イシスが魔力を使って夫との間に息子を授かったという言い伝えも残ります。

イシスは、夫や自分、そして息子を憎むセトから隠れながら、ホルスを立派に育てます。青年になったホルスは、**セトが父から奪った地上の王の座を奪還すべく戦いを挑みました。**

神同士の戦いは熾烈《しれつ》を極め、一進一退の攻防が続きます。ここでもイシスは、策略や魔術を駆使して息子の加勢をしたといいます。

最終的に神々が相談。さらにオシリスが冥界から現れてホルスを推したことにより、ホルスがエジプトを治めることとなりました。

ナイル川：ギリシャの歴史家、ヘロドトスは「エジプトはナイルのたまもの」と言った。豊かな水をたたえ、年に数か月の洪水によって豊かな土壌をもたらすナイル川によって、砂漠の地エジプトに高度な文明が築かれた。

オシリスの家族〜理想の妻と息子〜

イシス

人の姿で表され、良妻賢母の典型とされた。頭に玉座を乗せ、パピルスの杖《つえ》を手に持つ。

「死者の審判」では、夫オシリス神の背後に、オシリス神の妹とともに立ち見守る。

ホルス

ハヤブサの頭をしている。ハヤブサそのものの姿で描かれることもある。右目は太陽、左目は月を指すと考えられた。

「死者の審判」では、心臓の計量を終えた死者を父オシリス神のもとへ導く。

『死者の書』と死後の世界

人間は死後、死者の審判を受けて生前の行動について裁かれると古代エジプト人は考えた。これを記したのが『死者の書』で、ミイラとともに埋葬された。裁判は裁判官を執行する42の神と、裁判長である冥界の王オシリスが行なう。死者の心臓は、冥界の神アヌビスが見守る秤にかけられ、傾いたら（罪人であったら）死者は二度とよみがえることはできない。潔白であれば理想の楽園へ立ち入ることが許される。

インド神話の神々と世界観

「神様の国」インドの人々にいまも息づく神々

インドを訪れると、街のあちこちに、**色彩豊かな神様の図像があふれていること**に驚くことでしょう。

これらの神々は古代から3000年にもわたり、伝えられてきた壮大なスケールの神話に登場する神々です。なんと**その数は3億3000万にも及ぶ**といわれています。

紀元前、ドラヴィダ系民族がインダス川流域に文明を築き、その後、アーリア人がインドへ侵入。アーリア人は自然崇拝にもとづく神々を崇拝し、司祭バラモンが祭儀を執り行ないました。やがて、バラモン教を土台に仏教などを取り込んで、ヒンドゥー教が成立。

インド神話の神々は、主にこのヒンドゥー教の神様。そして、経典はバラモン教の聖典ヴェーダとヒンドゥー教の叙事詩ラーマーヤナ、マハーバーラタに大きく二分され、それぞれ主神が異なります。

今現在も、インドの人々はガンジス川で沐《もく》浴《よく》して身を清め、それぞれが信じる神々への祈りを忘れません。

信じる神によってシヴァ派、ヴィシュヌ派と分かれたり、シーンによって祈る神を変えたりとフレキシブルですが、**神々への信仰が生活のベースにあります。**これが、インドが「神様の国」と呼ばれるゆえんでしょう。

ヴェーダ：紀元前1200年頃に集成された最古のバラモン教の聖典群。神々への賛歌や祭儀が記されている。リグ・ヴェーダなど4種ある。主神は雷神インドラ。

インドの神々の相関図

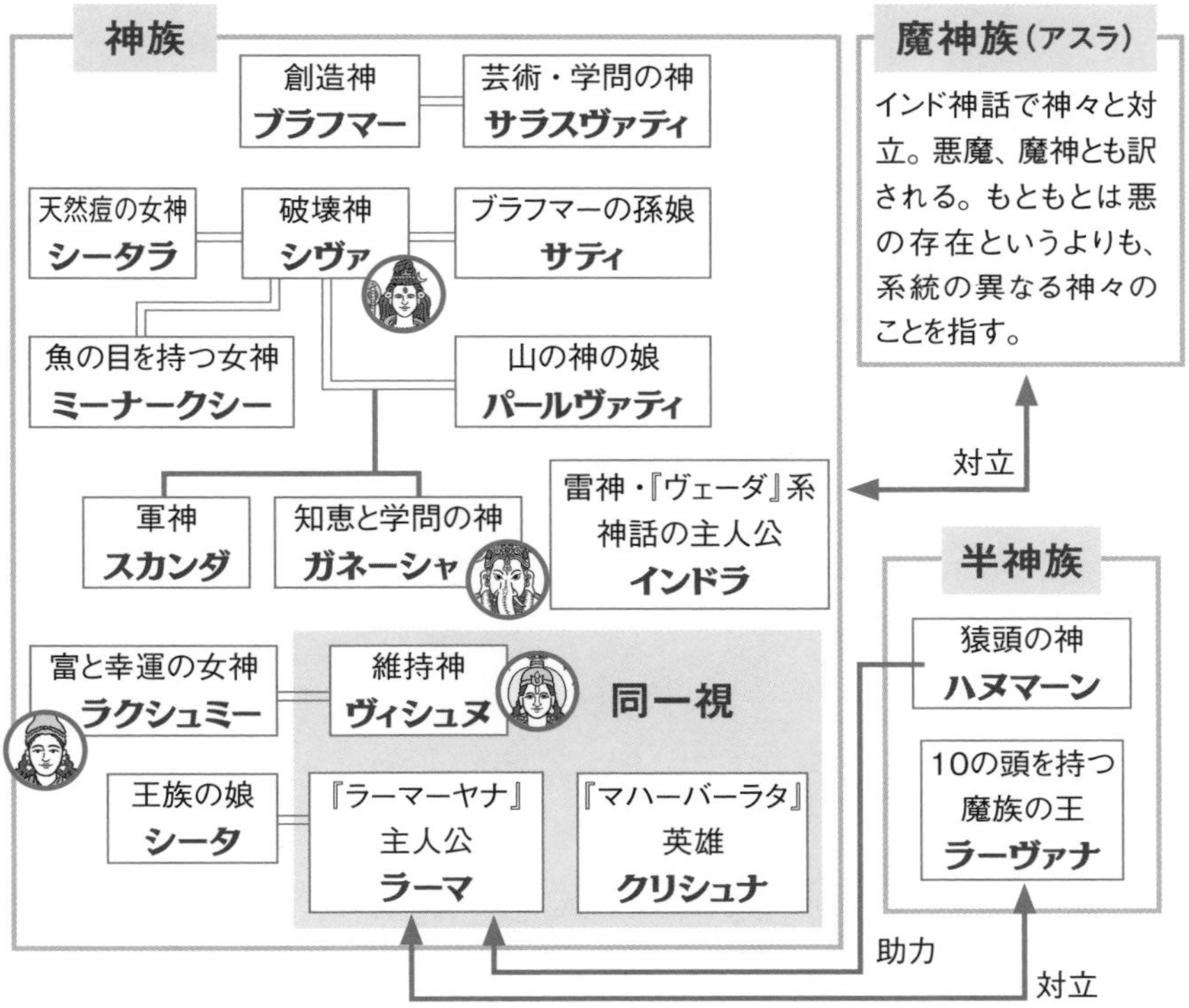
神族
創造神
ブラフマー
芸術・学問の神
サラスヴァティ
天然痘の女神
シータラ
破壊神
シヴァ
ブラフマーの孫娘
サティ
魚の目を持つ女神
ミーナークシー
山の神の娘
パールヴァティ
軍神
スカンダ
知恵と学問の神
ガネーシャ
雷神・『ヴェーダ』系
神話の主人公
インドラ
富と幸運の女神
ラクシュミー
維持神
ヴィシュヌ
同一視
王族の娘
シータ
『ラーマーヤナ』
主人公
ラーマ
『マハーバーラタ』
英雄
クリシュナ
魔神族（アスラ）
インド神話で神々と対立。悪魔、魔神とも訳される。もともとは悪の存在というよりも、系統の異なる神々のことを指す。
対立
半神族
猿頭の神
ハヌマーン
10の頭を持つ
魔族の王
ラーヴァナ
助力
対立

バラバラの死体からできたカースト

神々がプルシャという巨人を供儀のために殺し、その体は刻まれた。目は太陽、息は風となり、また、カースト（階級制度）も生まれたという。

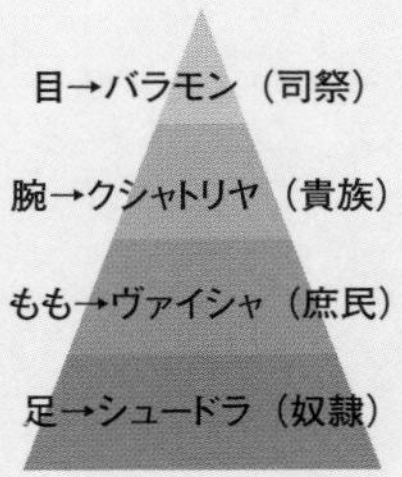
目→バラモン（司祭）
腕→クシャトリヤ（貴族）
もも→ヴァイシャ（庶民）
足→シュードラ（奴隷）

原初は水から

水が苦行して黄金の卵が生まれ、その卵を創造神ブラフマーが割った。ブラフマーの心から生まれた聖者プラジャーパティから地・空・天が創られた。ちなみに、ブラフマーは日本では梵天《ぼんてん》となる。

創造のために破壊を司る神シヴァ

「吉祥」という意味を持つ、青い肌をした荒ぶる神

インド神話の代表神はブラフマー、ヴィシュヌ、シヴァの3柱で、**それぞれ「創造」「維持」「破壊」を司るとされています。**

ただ現在では、観念的で抽象的なブラフマーの影は薄く、シヴァとヴィシュヌが人気を二分しています。

シヴァは、インダス文明の遺跡から似た姿のレリーフが発見されたことから、土着の神と見られますが、リグ・ヴェーダでは暴風雨の神ルドラの尊称とされています。

ルドラは豪雨、大風、雷電をもたらす、恐るべき存在の神。その反面、病気をなおす治癒の神という面も持っています。この二面性はシヴァにも受け継がれました。

額に第3の目を持つシヴァ。これは妻パールヴァティのいたずらで生じたものですが、この第3の目から放たれる光は、この世のあらゆるものを灰燼《かいじん》に帰《き》すといわれるほどの威力です。

シヴァはこのように、**世界を破壊する恐ろしい一面を持ちますが、その後の創造という役割も担っています。**

ちなみに、シヴァをはじめインドの神々は多くの手や顔を持っています。シヴァも腕を4本も有しています。これは人間を超えた能力を表すためとされています。

パールヴァティ：「山の娘」を意味する女神で、ヒマラヤ山脈の山神ヒマヴァットの娘。穏やかで心優しい性格で、美しい顔立ちをしている。シヴァと一緒に描かれることが多い。

破壊と再生を象徴する神シヴァ

三叉の戟《げき》（槍《やり》）と小さな太鼓を持つ。これはシヴァが修行僧であることを示している。

長い髪で首に数珠と蛇を巻きつけ、額には第3の目がある。この第3の目は妻パールヴァティのいたずらで開いた。また、三日月は不死の象徴。

裸体に獣の皮を腰に巻いたスタイル。仏教では大自在天《だいじざいてん》。シヴァの別名マハーカーラから大黒天《だいこくてん》ともされる。

頭でガンジス川を止める

シヴァの頭の上にいるのは、神聖なる川・ガンジス川の女神ガンガー。ガンジス川を地上に下ろす際、その勢いが激しすぎて大地では支えきれず、代わりにシヴァが支えることになった。

シヴァの武器・三叉戟

三叉の戟《げき》は雷電、もしくはヒマーラヤの峰の象徴といわれる。三叉はそれぞれ欲望、行動、知恵を表す。

インド
神話

シヴァと結びついたリンガ崇拝

人間の姿だけではなく、リンガ（男根）で崇められることも

シヴァはインダス文明からその信仰が見られる古い神です。ただ、シヴァへの信仰が大発展した際、その性格に非アーリア的な要素、つまり、**アーリア人の侵入で南インドに移動したドラヴィダ系の要素が強くなります。**

実際に、南インドでは、ヴィシュヌ信仰よりもシヴァ信仰の方が歴史は古く、シヴァ信仰は土着の信仰を吸収しながら強大化していきました。

その土着信仰のひとつが、リンガ崇拝です。リンガとは抽象化された男根のことで、世界中に同じ信仰が見られます。

リンガは石でつくられ、サイズはさまざま。**ヨーニという抽象化された女性器を台座に、その上に直立した形で表現されます。**

リンガ崇拝はインダス文明に見られますが、アーリア人の宗教世界には存在せず、また、ヴェーダは男根信仰を排斥。

しかし、インドで非アーリア的な宗教が復活してくるにつれ、**リンガ崇拝はシヴァ信仰と結びつき、シヴァへの信仰をますます膨らませました。**

リンガそのものでシヴァへの信仰を表したり、シヴァと一緒にリンガが描かれたりします。また、シヴァの顔がついたリンガ、ムカ・リンガというものもあります。

アーリア人とドラヴィダ系民族：ドラヴィダ系民族はインダス文明を築いたとされる先住民。アーリア人はインド - ヨーロッパ語族の諸言語を用いる民族。

土着信仰と結びついて強大化したシヴァ信仰

シヴァ神は、子孫繁栄の願いを込めた男根崇拝（リンガ信仰）と結びつけられ、さらに信仰が拡大した。リンガとは石でつくられた柱のようなもので、大きさはさまざま。リンガ信仰は紀元前2600年頃から紀元前1800年頃まで栄えたインダス文明の遺跡にも見られるような古い信仰で、これがヒンドゥー教に取り入れられ、シヴァと結びついた。

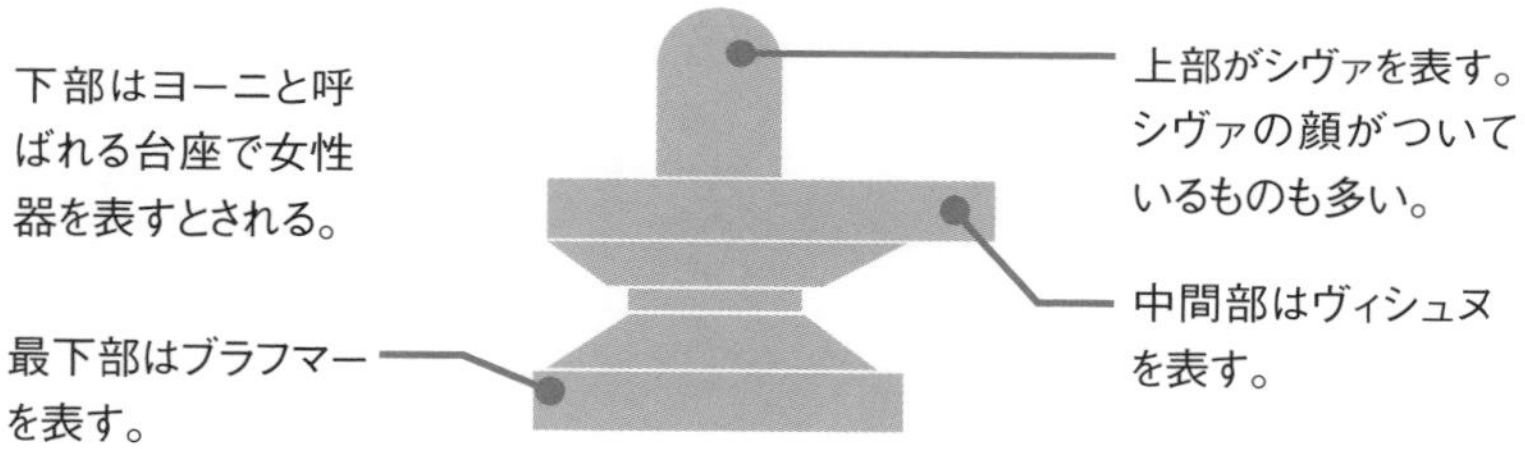
下部はヨーニと呼ばれる台座で女性器を表すとされる。
最下部はブラフマーを表す。
上部がシヴァを表す。シヴァの顔がついているものも多い。
中間部はヴィシュヌを表す。

踊る王としてのシヴァ像

シヴァは「踊りの王（ナタラージャ）」とも呼ばれ、光輪を背景に片足を上げて手を広げたポーズで踊るシヴァの像や絵も多い（インドでは切手にもなっている）。108種ものダンスを身につけていたといわれる。

小さな太鼓で創造のリズムを刻んでいる。
腕に巻きついているのは蛇の神ナーガ。
ガンジス川の女神ガンガーが髪についている。
手のひらの上の炎は破壊を表す。

この世の秩序を維持する神ヴィシュヌ

古代からさまざまな神を取り込み、多彩で複雑な姿に

シヴァと並ぶ人気者の神ヴィシュヌは、**3柱の神のうち「維持」を司る神。**ヴィシュヌという言葉は「広くいき渡る」という意味。**温厚で慈悲深い性格で、**激しく荒々しい性格のシヴァとは対比的です。

リグ・ヴェーダでは、雷神インドラに協力する太陽神として登場します。世界の隅々まで照らし出す光の化身として、人間に対し慈悲深く接する存在でした。しかし、このときは、さほど重要な神ではありませんでした。

その後、ヴィシュヌはさまざまな神々と習合することで、熱烈な崇拝を集めていきます。このことこそが、ヴィシュヌを強力化した最大の理由とも考えられています。そのため、ヴィシュヌは別の姿と名前を持っています。それについては、次項で詳しく述べますが、まず基本の姿について紹介しましょう。

仏像でいう半跏《はんか》で座ります。よく一緒に描かれるのは、**アナンタという名の竜王。**アナンタは「永遠」という意味で、これもまた、ヴィシュヌの属性を表しているといわれます。乗り物はガルダという怪鳥です。

右上手の人差し指上で回転しているのが、武器の円盤（チャクラ）。敵に向かってブーメランのように飛んでいき、必中必殺です。また、これは太陽の象徴でもあります。

ガルダ：ヴィシュヌの乗り物とされる鳥の神ガルダ。日と太陽を神格化した巨大な鳥で、赤い翼を持つ。仏教では、釈迦《しゃか》の眷属《けんぞく》の迦楼羅《かるら》という神に。

人類を救う慈悲深いヴィシュヌ

たくさんの頭を持つ竜王アナンタの上に、片足を組み、片足を下げる半跏の姿。

4本の手には、武器である回転する円盤（チャクラ）、棍棒《こんぼう》、ほら貝、蓮華《れんげ》を持っている。

乗り物はガルダという名の鳥の神。ヴィシュヌは仏教では那《な》羅延天《らえんてん》、日本では金《こん》剛力士《ごうりきし》と混同されることが多い。

神が修行して人間をつくる

あるとき、神のマヌは魚から洪水が起きると聞き、洪水から生き延びた。その後、修行を重ね、はじめての人類を創出した。最初の人間はヤマとヤミーの兄妹で、ヤマは妹のプロポーズを断り、冥界の神となった（諸説あり）。

ヤマは仏教に取り入れられ、閻魔《えんま》となった。

マヌに洪水を教えた魚マツヤはヴィシュヌの化身とされる。

インド神話

ヴィシュヌの10の化身

世界を危機から救うために戦い続けた神

前項でヴィシュヌは、さまざまな神々と習合し、その力を強大化したと述べました。そのため、**ヴィシュヌは10もの別の姿と名前を持っています（20、22という説も）。**

世界が悪や混乱におおわれそうになったとき、ヴィシュヌは**神々や人間を救うために、動物やほかの神などに変身して、この世に訪れます。**

マツヤという魚に変身して大洪水を予言したり、クールマという亀に変身して海底に沈み大海の乳海攪拌《かくはん》に協力したり、ヴァラーハという猪《いのしし》に化け、沈みかけた大地を引き上げたりと、人間も神も分け隔てなく救出します。またあるときは、体は人間・頭は獅子《しし》の半人半獣となり、またあるときは、小人に変身とまさに変幻自在。

インドの2大叙事詩と称される**ラーマーヤナとマハーバーラタの英雄も、ヴィシュヌの化身とされています。**ラーマーヤナでは主人公のラーマ王子。弓が得意な理想の戦士です。一方、マハーバーラタではクリシュナという勇敢な英雄です。

仏教の始祖・仏陀《ブッダ》も、ヴィシュヌの化身。そして、最後の化身はカルキー。43万2000年後のこの世の終末に、白馬に乗って現れ、世界を救うと信じられています。

クリシュナ：クリシュナ自体、古くから崇拝を集めた神。不思議な力を持った幼児、誰もが聞き惚《ほ》れる笛の名手の牛飼いなど、さまざまな姿で広く親しまれてきた。

ヴィシュヌの10の化身

ラーマ王子

弓の名手で、永遠に途絶えることのない矢も持っている。英雄らしく好青年として描かれる。

国を追われ森で住むことになる。腕には修行者を表すアクセサリーをつけている。

ヴィシュヌの7番目の化身。ラーマーヤナの主人公で、コーサラ王国のラマ王子。武勇に優れた心優しい戦士。

クリシュナ

頭にクジャクの羽をつけ、ヴィシュヌを表すU字のマークを額に掲げる。

素性を隠すため牛飼いに育てられた。この「牛飼いのクリシュナ」像では横笛を持った姿で描かれる。

ヴィシュヌの8番目の化身。叙事詩のバガヴァッド・ギーダーやマハーバーラタに登場する英雄。

そのほかの化身

- クールマ（亀）…魔人に対抗できる不死の霊水を手に入れるため、亀となり海底へ沈んだ。
- ヴァラーハ（猪）…悪魔が大地を水底に沈めたので、猪となって大地を引き上げた。
- ナラシンハ（人獅子）…魔人との戦いで変身
- ヴァーマナ（小人）…魔王との駆け引きで変身
- パラシュラーマ…斧を持つラーマの姿。1000もの腕を持つ敵と戦った。
- マツヤ（魚）　→P115参照
- 仏陀…仏教の始祖・釈迦。
- カルキー…最後の化身。43万2000年後のこの世の終末に、白馬に乗った姿で現れる。

象の頭にすげ替えられたガネーシャ

太ったお腹に象の頭をした独特な姿の神はシヴァの息子

知恵と学問を司る神、富と繁栄を司る神、そして、障害を取り除き成功をもたらす神、というように多面的な性格を持つ神が、象の頭をしたガネーシャです。

では、なぜ像の頭をしているのでしょうか。それは父シヴァの仕業なのです。シヴァが勘違いをして息子の頭を切断。よみがえらせようとしたシヴァは、最初に出会った生き物を首につけろ、と部下に命令します。果たして、象が通り、シヴァは象の頭を息子の頭にすげ替えました（諸説あり）。

障害を除去するという性格が一番古い信仰と考えられています。ガネーシャの別名、ヴィグネーシュヴァラの意味は、「ヴィグラ＝障害」の「イーシュヴァラ＝神」。

いまもインドでは、**旅行をするときにガネーシャに無事を祈り、新ビジネスを興す際にも、まずガネーシャから祀《まつ》ります。**

一大叙事詩マハーバーラタを口述筆記したのがガネーシャとされることから、知恵と学問の神と見なされています。

そして、事業・商業を見守る富と繁栄の神でもあることから、**インドでは入口にガネーシャ像を祀る商店が多くみられます。**

乗り物は意外なことにネズミ。人々を悩ませた魔人のネズミを退治し、家来にしました。

マハーバーラタ：ラーマーヤナと並んでインド二大叙事詩に数えられる、ヒンドゥー教の聖典のひとつ。2王族の争いをベースに、神話、宗教、哲学、道徳、法などが語られている。

ユーモラスな姿の神様ガネーシャ

象の頭をした神様。誤って父シヴァが頭を切り落としたため、最初に出会った象の頭にすげ替えられた。

富の神様らしく、ぽってりとした太鼓腹の大食漢。大好物の菓子モーダカ（団子）を手に持っている。

仏教では聖天《しょうてん》（歓喜《かんぎ》天《てん》）で、男女2体が抱き合った姿で表現されることが多い。そのため、日本では縁結び・子授けの神になった。

弟は軍神スカンダ

シヴァとパールヴァティの息子とされる戦の神。6つの顔を持ち、クジャクを従えた図像で描かれる。仏教では韋《い》駄天《だてん》に。

日本では歓喜天に

ガネーシャは日本に伝わり、聖天、歓喜天と呼ばれる（正式名は大聖《だいしょう》歓喜天）。奈良・生駒山の宝山寺や東京・浅草の待《まつ》乳山《ちやま》聖天が有名。

富と幸運と豊穣の女神ラクシュミー

家庭の幸福を見守ってくれる慈悲深く美しい神

慈悲の神ヴィシュヌの妻がラクシュミーです。ラクシュミーは、ヴィシュヌが亀へと姿を変えて乳海を攪拌《かくはん》する際に生まれました。

あるとき、神々は不死の霊液アムリタを手に入れるため、ヴィシュヌに相談します。ヴィシュヌはマンダラ山を攪拌棒として使い、大海をかき混ぜるよう伝えます。

果たして、神々がそのようにしたところ、海底に穴が開き、山が沈みかけます。**ヴィシュヌは亀に変身して海に潜り、甲羅《こうら》でマンダラ山を支えました。**

そして、乳状になった海の水から、無事、アムリタの入った壺《つぼ》が出てきますが、その際、美しいラクシュミーも出現します。その美しさに神々はラクシュミーを欲しますが、彼女が夫に選んだのはヴィシュヌでした。

ラクシュミーは**豊穣の女神という点から、大地の女神とも同一視され**、特に南インドでは、穀物を司る女神とされています。これは、古い信仰である地母神と習合したと考えられています。

インドで秋に行われる「ディワーリー」という盛大なお祭りがありますが、**これは家庭にラクシュミーをお迎えするもの。**語源が「光の列」といわれるように、各家で夜通し明かりを灯す、とても幻想的なものです。

ディワーリー：10月から11月にかけて5日間行なわれる祭典。この祭りの期間中に、買い物をすると縁起がよいとされる。

吉祥天のモデルとなったラクシュミー

水上に浮かぶ赤い蓮華の上に立つ姿で、手にも蓮華を持つ。

手のひらから富の象徴である硬貨を無尽蔵に生み出している。

夫ヴィシュヌが変身するときは、自身も変身して寄り添った。ヴィシュヌがラーマのときは妻シータ、クリシュナのときは妻ルクミニーに。

インドの女神信仰

数々の農作物をはぐくむ大地と女性の出産能力が結びついた女神信仰は、世界各地で古くから見られるもの。インドでも土着信仰の中にたくさんの女神がいて、それがシヴァの妃パールヴァティなどと結びついた。

芸術と学問の神サラスヴァティは、日本には弁財天《べんざいてん》として伝わった。

インド神話には荒ぶる女神もいる。代表的なのは戦の神ドゥルガーやカーリー。

メソアメリカ神話

マヤ文明とアステカ文明の世界観

この世は爬虫類の背中に乗せられている？

メキシコ南部からユカタン半島にかけての中部アメリカはメソアメリカと呼ばれ、マヤ文明やアステカ文明などが起こりました。

紀元前1500年頃から2000年もの長きにわたり隆盛を極めたのはマヤ文明。ピラミッドや神殿など、人間の創造物とは思えないほど巨大な石像建築が残されています。

マヤ人は、**海に巨大な爬《は》虫《ちゅう》類が浮かび、世界はその背中に存在し、平坦なものと考えていました。**そこに神の世界、人間の世界、地下の世界の3層があり、生命の木が支えているというのがマヤ文明の世界観です。

マヤの創世神話は3つの世界譚《たん》からなり、2つめまでの世界は破壊され、3つめでトウモロコシから人間が誕生したとされています。

アステカ文明は、14世紀にメキシコ中央高地に誕生しました。アステカ神話が考える世界は、**天界13層と地下世界9層で構成され、地下の最下層は死後の世界といわれます。**

この世界はテヨロクアロヤンと呼ばれます。それぞれの層には神がいて、支配しました。

アステカの創世神話は、5つの世界譚で語られます。第1から第4までは天変地異などさまざまな理由で世界が破壊されますが、**第5の世界で神々が誕生。大地や人間、農耕なども創造されて世界が創られていきます。**

トウモロコシ：約6500年前にマヤの低地で最初のトウモロコシ栽培が行なわれたとされている。ただ、当初はお酒をつくるために栽培されたようだ。

メソアメリカ文明MAP

アステカ文明
中央メキシコで栄えた国家。アステカ王国以前から伝えられた神話もあり、最高神ケツァルコアトルも古い時代からの神だ。

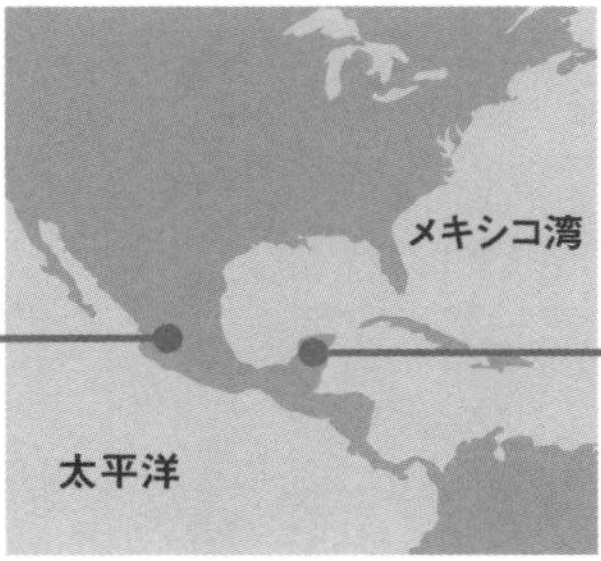

マヤ文明
ユカタン半島を中心におこった文明で伝えられてきたのがマヤ神話。長年にわたって受け継がれてきたが、文献が残されていないので大半が不明。

アステカ神話
創世神話

何度も滅亡と創造を繰り返すという神話はメソアメリカ文明によく見られる。

第1の世界
巨人が支配する

ジャガーによって滅亡

▼

第2の世界
ケツァルコアトルが支配

大風によって滅亡

▼

第3の世界
雨と雷の神トラロックが支配

火の雨によって滅亡

▼

第4の世界
水の神チャルチウィトリクエが支配

洪水によって滅亡

▼

第5の世界
（現在の世界）　太陽神トナティウが支配

やがて空の怪物により滅亡するという

マヤ神話
人間ができるまで

マヤ神話の文献ポポル・ヴフで、創造神テペウとグクマッツが人類をどのようにしてつくったのか語られている。最後、トウモロコシからつくって成功した際には、世界のすべてを見通せないよう、あえて目をくらませたという。

第1
泥から
人間をつくる

やわらかく水に溶けて失敗

▼

第2
木から
人間をつくる

魂や知性がなく失敗

▼

第3
トウモロコシから
人間をつくる

知性を持った人間が誕生し成功！

マヤの創世神話と双子の英雄

最後は天に昇ったフナプー&イシバランケーの活躍

マヤの神話はグアテマラのキチェ族に伝わるポポル・ヴフに記されています。**創造神はテペウとグクマッツという2神です。**

ポポル・ヴフによると、世界は海と空だけで、すべてのものは水中にありました。ふたりの神は海の上を飛びながら、大地を創造し、動植物を生み出し、世界を構築していきます。

最初の人間は泥からつくられましたが、すぐに崩れてしまったうえに言葉も持たないという失敗作。2神はあらためて木から人間をつくります。**人間は子孫を増やすものの神を敬うことをしなかったため、2神によって洪水で流されてしまいました。**

かろうじて残った人間の子孫は、人間に似ているけれど頭脳を持たない猿に変えられてしまいます。現在、人間と猿が似ているのはこのできごとがあったからといわれています。

ポポル・ヴフには、**英雄である双子の神フナプーとイシバランケーの冒険も描かれます。**

ふたりは、巨人や怪物たちを倒しながら、父の敵討ちのために冥界へ行き、宿敵シバルバ人と競技で対決をします。

戦況が危うくなったシバルバ人は焼き殺そうとしますが、動じないふたり。シバルバ人を制し、最後には天に昇って太陽と月になり、世界を見守る存在になりました。

敵の巨人：フナプーとイシバランケーから神の座を奪おうとするブクブ・カキシュ。倒された後も息子らがふたりに戦いを挑むが、双子の策略により絶命する。

兄弟の英雄フナプーとイシバランケー

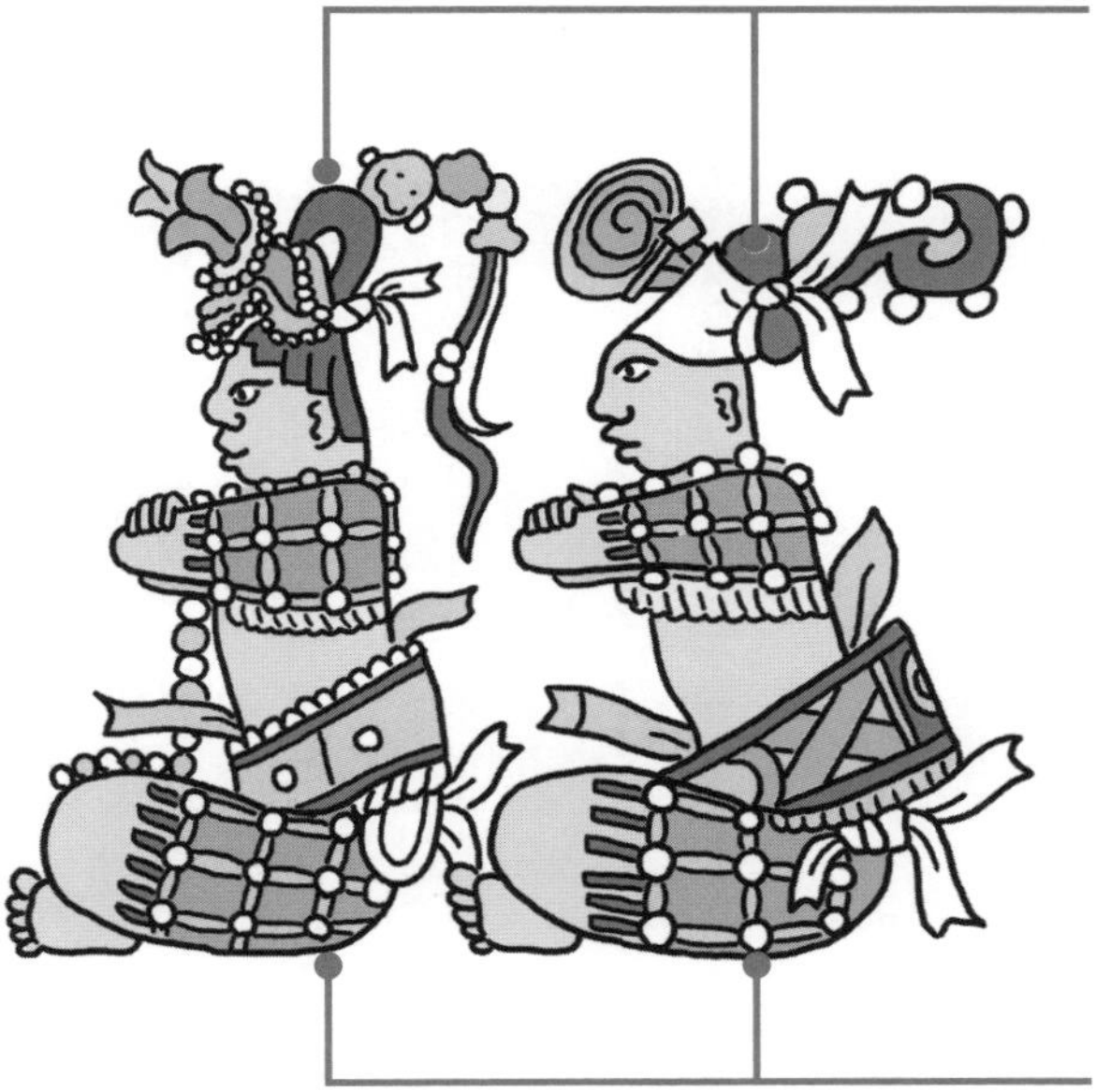

父の復讐《ふくしゅう》のために、ともに力を合わせる双子の神。トウモロコシを人類にもたらしたトウモロコシの神でもある。

フナプーは「猟師」、イシュバランケーは「小さなジャガー」を意味する。いじわるをする異母兄らを猿に変えて追放した。

父の復讐のため訪れた冥界では、亀やウサギといった動物が助力。数々の試練を乗り越えて不死身の身となる。

双子の英雄の退治譚

『ポポル・ヴフ』にはフナプーとイシバランケーの出自と数々の功績が語られている。素行の悪い巨人の親子を成敗したり、父を殺した冥界の王を殺したりと活躍する。冥界で殺された父と叔父は昇天し、同じように殺された400人もの若者は天で無数の星となった。

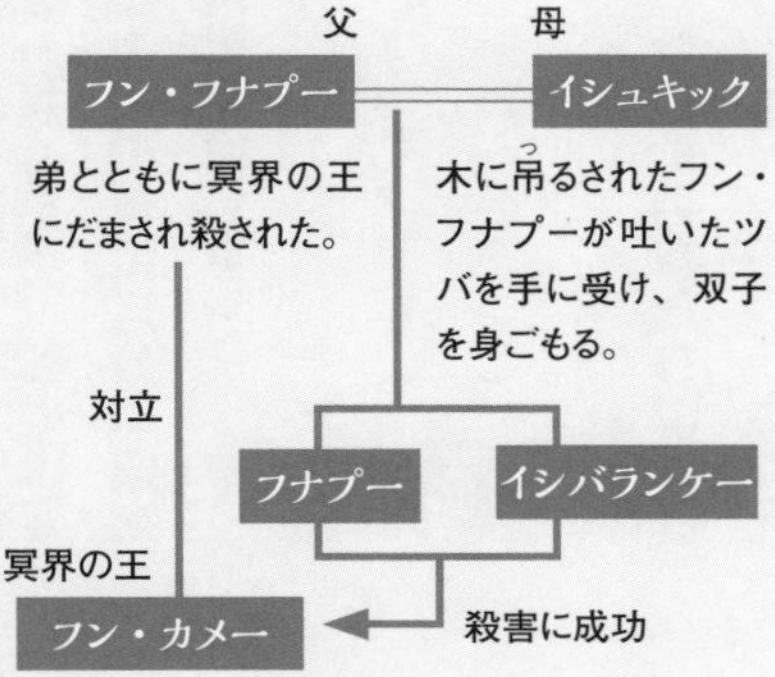
父
母
フン・フナプー
イシュキック
弟とともに冥界の王にだまされ殺された。
木に吊《つ》るされたフン・フナプーが吐いたツバを手に受け、双子を身ごもる。
対立
フナプー
イシバランケー
冥界の王
フン・カメー
殺害に成功

羽を持った蛇の神ケツァルコアトル

世界を何度も終わらせて太陽を復活させる最高神

アステカの神話の中で創世神とされるのはケツァルコアトルです。

月の女神から生まれ、**風、農耕、文化を守り、法や暦を生み出すなど万物に通じる神とされ**、メキシコから中央アメリカに伝わる神話の中でも最高神といわれます。

名前の意味は、「羽のある蛇」。ケツァルは高原などに生息する緑色の羽が美しい珍鳥のことで、コアトルはナワ語で蛇を表します。神話では、**長身でたくましく、黒髪をなびかせ、光り輝く瞳の持ち主とされています。**

ケツァルコアトルが敵対していたのは、戦争と破壊の神テスカトリポカでした。ケツァルコアトルとは年中争っている関係で、そのたびに天変地異が起こり、ケツァルコアトルは3度にわたって世界を滅ぼします。

そして、新たな世界創造のため、**前の世界を滅ぼして、命絶えた人間の骨に自分の血を流し込み、現在の人間を創成しました。**

トウモロコシを食料とする文化も生み出し、人間に与えたといわれています。

また、何度も世界を終わらせたことで消滅してしまった太陽をよみがえらせたのも、ケツァルコアトルでした。**多くの神たちに苦行をさせることで新たな太陽が誕生し、世界を照らすようになったのです。**

ケツァルコアトル：ケツァルコアトルのピラミッドがメキシコには残されている。そのほか、「神々が集う場所」という意味の、巨大な都市遺跡群のテオティワカン遺跡などもある。

万能の神ケツァルコアトルとは？

「羽をつけた蛇」「翼のある蛇」を意味するケツァルコアトル。神官の王で暦の発明家ともいわれる。

岩に手を当てると岩がへこむほどの怪力を持つ。その一方で、人身供儀をやめさせた慈悲深い面も持つ。

マヤ文明ではククルカンという名で崇拝されていた。人類に文明を授けたと伝わる。

敵は破壊と戦争の神

ケツァルコアトルのライバルは破壊と戦争を司る神テスカトリポカ。名前は「煙を吐く鏡」という意味で、この鏡とは儀式で用いられていた黒曜石のことを指す。ケツァルコアトルが人身供儀をやめさせたことなどが、ふたりの神の対立の要因とされている。

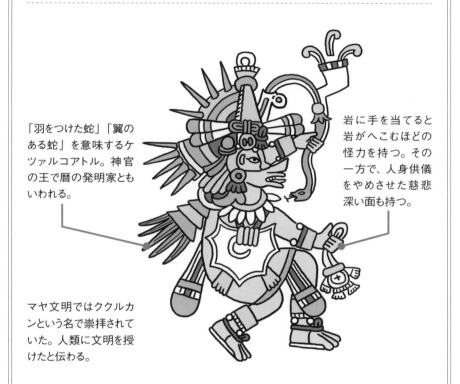

監修者紹介

鈴木 悠介 （すずき ゆうすけ）

ただよび世界史科講師。早稲田大学卒業。予備校講師（世界史）。現在は各地でのライブ授業に加え、YouTubeの予備校「ただよび」やオンライン予備校「学びエイド」などの映像配信授業でも活躍中。また教育系YouTuberとしての顔も持ち、YouTube「すずゆうチャンネル」ではさまざまな世界史コンテンツを発信している。主な著書に『高校世界史をひとつひとつわかりやすく。』、『世界史単語の10秒暗記 ENGRAM2250』、『イチから鍛える世界史』（以上、学研プラス）、『世界史用語 マルチ・トレーニング』（旺文社）、『超効率！世界史年代サーキットトレーニング』（かんき出版）、『モンスターストライクで覚える伝説の英雄』、『モンスターストライクで覚える世界の神々』（監修、以上、日本文芸社）などがある。

◉ Twitter：@yuusuke_suzuki

参考文献

『いちばんわかりやすい 北欧神話』杉原梨江子（著）実業之日本社／『いちばんわかりやすい インド神話』天竺奇譚（著）実業之日本社／『インド神話入門』長谷川 明（著）新潮社／『ヴィジュアル版世界の神話百科 アメリカ編』デイヴィッド・M・ジョーンズ（著）原書房／『面白いほどよくわかる世界の神々』吉田敦彦（監）・森 実与子（著）日本文芸社／『古代エジプト解剖図鑑』近藤二郎（著）エクスナレッジ／『新版増補 古代エジプトの神々』松本 弥（著）弥呂久／『図解 ケルト神話』池上良太（著）新紀元社／『図解 北欧神話』池上良太（著）新紀元社／『世界史用語集 改訂版』全国歴史教育研究協議会（編）山川出版社／『世界でいちばん素敵な神話の教室』蔵持不三也（監）三才ブックス／『ゼロからわかるエジプト神話』かみゆ歴史編集部（著）イースト・プレス／『マヤ・アステカの神話』アイリーン・ニコルソン（著）青土社／『モンスターストライクで覚える世界の神々』XFLAGスタジオ™・鈴木悠介（監）日本文芸社

STAFF

編集　坂尾昌昭、中尾祐子（株式会社 G.B.）
デザイン　森田千秋（Q.design）
執筆協力　稲 佐知子、高山玲子
イラスト　竹口 睦郁
校正　玄冬書林

眠《ねむ》れなくなるほど面白《おもしろ》い
図解《ずかい》 世界《せかい》の神々《かみがみ》

2021年12月10日　第1刷発行
2024年 4 月20日　第4刷発行

監修者　鈴木悠介《すずきゆうすけ》
発行者　吉田芳史
印刷所　図書印刷株式会社
製本所　図書印刷株式会社
発行所　株式会社日本文芸社
〒100-0003　東京都千代田区一ツ橋 1-1-1 パレスサイドビル 8F
TEL 03-5224-6460（代表）
URL https://www.nihonbungeisha.co.jp/

Printed in Japan　112211122-112240411 Ⓝ04　(300055)
ISBN978-4-537-21946-3
（編集担当：水波 康）

内容に関するお問い合わせは小社ウェブサイト
お問い合わせフォームまでお願いいたします。
ウェブサイト https://www.nihonbungeisha.co.jp/